AF318394

10

mq. les feuillets 11-28-36-44-63
64-88-89-91-110

mq. les feuillets 11-28-36-44-63
64-88-89-91-110

RELATION
DU VOYAGE
DE MONSEIGNEUR
ANDRE' DE MELLO DE CASTRO
A LA COUR DE ROME, EN QVALITE' DE
ENVOYE' EXTRAORDINAIRE
DU ROI DE PORTUGAL
DOM JEAN V.
AUPRES DE SA SAINTETE'
CLEMENT XI.

RELAÇÃO DA VIAGEM
DO EX.mo S.or
ANDRE' DE MELLO DE CASTRO
A' CORTE DE ROMA POR
ENVIADO EXTRAORDINARIO
DEL REY DE PORTUGAL
DOM JOAN O QUINTO
A' SANTITADE DO
PAPA CLEMENTE XI.

A PARIS MDCCIX.

CHEZ ANISSON RUE S. JAQUES.

AEQVITAS
ACTIONVM
REGVLA
Pietro Zernan del.
Gio: Batta Sintes sculp.

A TRES ILLUSTRE
ET
TRES EXCELENT SEIGNEVR
DOM FRANÇOIS
DE PORTUGAL
COMTE DE VIMIOZO

Du Conseil de Sa Majestè Commendeur des ordres de Christe, & de S. Jaques &c.

MONSEIGNEVR

L'INCLINATION que jai remarquèe a V. Excellence de connoitre la Sage politique de cette cour, joint au profond respec, que beaucoup de Religion vous à toujours inspirè pour elle, me determine d'autant plus a vous offrir cette relation, que je ne croi pas aussi pouuoir la dedier a un Seigneur plus touchè de tout cequi contribue a honnorer la Nation Portuguaise. C'est Monseigneur dans cette derniere vue que ie me hasarde d'exposer à la Sensure de vostre extreme delicatesse les desseins de tout cequi a estè fait sur mes idèes, pour la superbe entrèe de S. Excellence Monseigneur ANDRE' DE MELLO DE CASTRO; mais si l'approbation dont on ma flatè ici, n'estoit que le pur effet d'une complaisance ordinaire à une nation si polie, je serois obligè, Monseigneur, d'avouer que j'en suis inescusa-

A 2

ble,

4

ble , car quelle plus belle eſtude pour moi , que cette prodigieuſe depence que
vous fites faire a S.t ingrace en Portugal , cette feſte ſi Magnifique , que le Roi,
les princes , & toute la cour l'honorerent egalement de leur preſence , & de
leur admiration : en effet c'eſt le ſeul lieu de l'Europe ou lon ait vu tout enſemble une proffuſion ſi bien entendue de parfums les plus precieux , des fonteines
deau de cordua , & une muſique ſi bien daccord a une Sinfonie , une table fer-
vie de plus de deux cent plats relevès pluſieurs fois , & ordonnès ſi proprement , quils ne flatoint pas moins la vue que le gouſt ; quoy de plus beau que
ces portiques chargès de figures dorèes , & que les advenues de ce temple divin , ſi elegamment ornèes , quelles preparoint de loin les yeux a l'admiration ,
& quoy de plus genereux , que cet argent diſtribuè au peuple & gettè a mains
liberales. Les feux dartifice , ou pour mieux dire , les feux de joie , par une al-
luſion enchantèe uniſſoint , & confondoint ſi agreablement la nuit , & le jour,
quil ſembla que le ſoleil. pendant huit jours , navoit pas ceſcè un inſtant d'e-
clairer cette ſuperbe feſte , ou pour toucher les ſens d'une delicateſſe rependue
ſur tout cequi les pouuoit flater , V. E. avoit encheri ſur la richeſſe de toutes les
annèes precedentes , & epuiſè l'imagination , pour l'avenir.

Jèn aurois eſtè , Monſeigneur , auſſi ſatisfait que les autres , ſi V. E. d'apres
qui jàvois travaillè ſi heureuſement , ne mavoit par un magnifique preſent ,
chargè d'encore plus d'obligations que de ſoins.

Je pourois reflechir ici , Monſeigneur , ſur cette grandeur qui accompagne tout ceque vous faites , mais je ſcai que la modeſtie , qui Vous eſt egalement
naturelle , ſouffriroit avec peine , que je parlaſſe deces levèes de Soldats aux frais
de Voſtr Excellence pour le ſervice de la patrie , de ces aumones conſiderables
aux opitaux , ni de ces bienfaits dont vous honnorès ceux qui le ſont desja beaucoup deſtre connus de V. E. par des talents utils. De ſi rares & grandes qualitès ,
quelque fois a la veritè plus envièes , qu' immittèes , redoubleroint ma peine de
vivre ſi eloignè de ceque je ne pouvois me laſſer d'admirer , & je craindrois le
riſque ordinaire des trop longues abſences , ſi mes precedentes diſgraces ne
mavoint donnè occaſion dè prouver ſans riſque les plus genereux effets d'une
conſtante amitiè. Je veuſtdire Monſeigneur , dans le temps que des ennemis
de ma nation , jalous du bonheur qui m'accompagnoit a eſtre connu du Roy ,
m'avoint voulu faire un crime du ſeul lieu de ma naiſſance , mais la preuue de
mon innocence , qui ma continuèe les bontès de Sa Majeſtè , & redoublè l'honneur de voſtre protection , fait connoitre enfin quèſtre fidel , reſpectueux , &
ami de la uraye gloire du Roy DOM JEAN CINQ.e n'eſt point incompatible
avec l'honneur que jay d'eſtre nè ſujet d'un grand Roy , qui bien loin d'exiger
de ſes ſujets rien de contraire a l'honneur , pouroit par ſon ſeul exemple enſei-
gner a l'univers à ne jamais manquer de foi a perſonne. Il laiſſe mème a ſes ſujets la libertè de publier le merite etranger , ſans en pouvoir eſtre jaloux , & c'eſt
cequi a donnè lieu à Monſieur Boyleau de chercher juſquèn Portugal Monſeigneur le Conte d'Ericeira Voſtre ami , & l'un des plus ſcavants de ce ciecle ,
pour luy dedier ſes Satires , comm'a un des hommes qui en eſt le plus exempt.

Il au-

Il auroit pourtant pu entrouver plus d'un, si tous les beaux exces dans lesquels donne V. E. estoint jugès par des esprits aussi justes que le sien, & comme je scay, Monseigneur, que cet auteur vous est dautant moins indifferent quil plait a tous les ennemis de la flaterie, je le veust imiter dans la sterilitè des louanges que jensevelis dans le silence d'une secrete adoration, pour finir une matiere si innepuisable par vous assurer Monseigneur, que lon ne peut estre avec plus de respec que je le suis.

De Vostre Eccellence

MONSEIGNEUR

Le tres humble, & tres obeissant Serviteur

De Bellebat.

AD

AD MAGNALIA LUSITANA
IN LÆTISSIMO INGRESSU
EXCELLENTISSIMI SACRÆ LUSITANÆ MAJESTATIS ORATORIS
ROMANORUM PLAUSUS.

MAGNANIME ò Princeps Lusitani Gloria Regis,
Inclyta Progenies nota Oriente Tenus;

Qui decus es Regni, qui Gemma animata Corona,
In quo spem totam Rex Lusitanus habet;

Inter Ulisbona Heroes Tu missus ad Urbem
De Rege, & Sponsa nuncia fausta ferens;

Ingredere ò Princeps Romanos excipe Plausus,
Instar tam Augustum cernere Roma cupit;

Romulides nunc aspiciunt Magnalia tanta
In Templo ANTONII, qui Lusitanus erat;

Quot quot suspiciunt cuncti hiscunt ore Quirites,
Majora haud quires, Rex quoque si ipse fores;

Sit sospes REX cum Sponsa, Te sospitet Axis,
Pontifici ut rursus nuncia fausta feras.

Obsequii, & Deditionis ergo
Gaspar Sfragaro.

AD

AD LECTOREM.

*CRIBITUR hic iter Herois venientis ad Urbem,*
Quem tanti Latium, Romaque tota facit;

Regius ingreſſus conſervat & uſque tenorem,
Quin magis increſcens jure Triumphus erit;

Hinc meritò inſcriptus Luſitani Regis Achati,
Qui inter Primates alter Apollo micat;

FRANCISCO VIMIOSO Heroi jure Dicatus,
Cui compar toto ſub Jove rarus adeſt;

Qui Patriæ eſt Decus, & Regni fortiſſimus Vmbo,
Æquas qui Lances tam benè Juris amat;

Ingeniò excellens, Animo aſt excelſior, omnes,
Præſtat Vlisbonæ Nobilitate Viros;

Circenſes ludi cedant. & Apollinis omnes,
Longè præclaros excit hic are ſuo;

Hujuſque Herois Magnalia in Vrbe feruntur,
Hiſcit Roma ſtupens, præque ſtupore ſilet.

Obſequij & Deditionis ergo
Gaſpar Sfragaro.

PRE-

PREFACE. | PREFACIO.

LEs Auteurs pour voluoir enrichir leurs defcriptions d'un ftile trop releuè, tombent ordinairement dans le deffaut des peintres,qui pour vouloir donner a leurs portraits trop d'agremens, s'eloignent du Urai, & cachent fous un beau voile cequidonneroit le plus de reputation a leurs ovurages. pour moy foit raifon, ou fi lon veuft excufe, lon trovura bon que je me ferve dun difcours fimple, & naturel dans la relation dune chofe afsè ornèe delle mefme pour navoir befoin d'aucuns agrements empruntès. Je ferois dautant plus blamable decrire autrement, que jay eu le femps d'eviter cet equeuil, & ceux qui font encore dans le gouft des comparaifons aux aftres, auffienciennes que les aftres mefmes, ou de cefgrandes refflections fur des chofes qui nèn demandent aucunes connoitront bien que je ne fuis pas un auteur de profeffion, mais fimplement un gentilhomme qui fe contente de monftrer moins defprit, & plus de Zele ; auffi effe toute la juftice que je demande comme la feule quimeft due.

OS Autores por quererem em riquecer as fuas difcripçons de hum Eftyllo relevante, correm ordinariament amefma difgraça dos Pintores, os quaes por quererem dar aos Retratos hum exceffo debellefa, ofpintam atal diftancia donatural,que efcondem debaixo do vello da lifonja, o que podia dar mayor reputacam a fuas obras. Em quanto amim, ou feia com refam, oupordefculpa ufareinefte difcurfo doftermos osmais naturaes, Efimples, nam nececitando de gracas empreftadas para a materia que defcrevo, Eaquelles que ainda goftam das comparaçoens aos Aftros nam menos antigas que Ofmefmos, ham de Conhecer, que aminha profiffam nam he de Autor, mas fomente deCavalheiro,que fe contenta moftrar com pouca finefa o mayor Zello. Efta he a Juftiça, que peço ecreyo, que feme deve.

VOIAGE

DE MONSEIGNEUR

ANDRE'

DE MELLO DE CASTRO

ENVOYE EXTRAORDINAIRE DE POR-
TUGAL A LA COUR DE ROME.

I LE MINISTRE DUN ROY , dans une Cour etrangere eſt proprement limage de ſon Souverain, je ne metone pas de lextreme attention des princes a choiſirpour un employ ſi noble des perſones dun ſi rare merite .

LE ROY DE PORTUGAL DOM PEDRO SECOND en nommant Monſeigneur ANDRE' DE MELLO DE CASTRO pour ſon Envoyè Extraordinaire a la primiere Cour du Monde , a voulu meſurer ſes bienfaits au ſeul merite de ſon Excellence , reſervant a des occaſions encore plus conſiderables, a ſe ſouvenir dans la perſonne du fils des ſervices importants que Monſeigneur le Conte Das Glaveas ſon pere a rendu de l'etat d'es le temps que le Royaume de Portugal , parun tiſſu d'actions memorables , ſoutenues de la valeur naturelle , travailloit , avec tant de ſuccès , a la conqueſte glorieuſe de la propre libertè .

LE ROY DOM JEAN CINQU.ᵉ aujorduy regnant egalement juſte , & animè du plus beau zele pour tout ce qui peut contribuer a honnorer , & ogmanter le culte divin, confirma avec
diſtin-

VIAGEM

DO EXCELL.ᵐᵒ SENHOR

ANDRE'

DE MELLO DE CASTRO

ENVIADO EXTRAORDINARIO DE
PORTUGAL A' CORTE DE ROMA.

E O MINISTRO DE HUM REY emhuma Corte eſtrangeirahe propriamente a imagem do Suberano , nam me admiro da grande attençam dos Princeps em Eſcolherem para tam nobre occupaçam peſſoas de tam raro merecimento .

EL REY DE PORTUGAL DOM PEDRO SEGUNDO nomeando para ſeu Enviado Extraordinario à primeira Corte do Mundo o Excellentiſſimo Senhor ANDRE DE MELLO DE CASTRO , quis igualar à ſua reſuluçam aomerecimento de Sua Excellencia , e reſervar para occaſioens ainda mais conſideraveis , Olembrarſe de ſua peſſoa pellos importantes ſerviſſos , que o Excellentiſſimo Senhor Conde Das Galveas Denis de Mello de Caſtro ſeu pay fes à Monarquia em opoſto de General das armas , que tam dignamente occupou deſdeotempo que o Reyno de Portugal trabalhaua , com tam felices ſucceſſos , à conquiſta glorioſa da propria liberdade por hum laberinto de accoens memoraveis , ſuſtentadas do natural valor .

EL REY DOM JOAM O QUINTO hoje reinante igualmente juſto , eanimado

distinction , apres la mort du ROY DOM PEDRO , le choix qui avoit estè precedemment fait dun envoyè extraordinaire a la Cour de Rome , de forte que fon Excellence aulieu de trouver du changement par celuy q'une mort univerſelment regretèe venoit d'apporter au gouvernement , la Cour au contraire le follicita de preffer fon voyage , & lefit refoudre de S'embarquer le 4.Octobre 1707. Sur le vaiffeau Genois la grande princeffe du Ciel .

Ce Vaiffeau eſtoit de cinquante fix pieffes de canon , vingt mortiers de bronze , & deuxcent hommes d'equipage , abondament pouruu de tout le neceffaire, & apres que Son E.ᵉ eut pris congè de tous les amis particuliers qui le viſiterent abord , nous mimes a la voile avec un vent de Nort qui entrois jours nous fit paffer le detroit de gibraltar , & jufques a la hauteur de malaga rien navoit troublè noſtre navigation , mais pendant la nuit nous decouvrimes un vaiffeau , qui a la pointe du jour fe trouva a demi porteè de canon . Il eſtoit accompagnè de trois autres tous Algeriens . Monſeigneur lenvoyè apres nous avoir animès a une bonne deffence , fitvirer de bord fur eux , fans attandre quils nous attaquaffent , mais ces canailles intimidèes d'une maneuure ſi refolue , & du grand volume de noſtre vaiffcau , prirent la fuitte au primier coup de canon. apres leurs avoir donnè chaffe quelque temps , nous reprimes noſtre premiere route , qui fut traverſèede calmes , & de vents contraires qui nous firent donner fond a Adra fur la Cote d'Efpagne ou jeme fis mettre a terre pour prendre quelques rafrichiffements . Le governeur fans finfor-
mer

mado do mayor zello portudo aquello, que refpeite a oculto divino, confirmou condiſtinçam aeleiçam precedentemente , feita , de forte , que o Senhor Enviado emlugar de achar alguma alteraçam, que huma morte univerſalmente fentida pudeffe trazer aogoverno ; Acorte ao contrario folicitando oapreffar fua partida , ofes refolver aembarcarfe aos 4. de Outubro de 1707. em a Nao Genoues agrande Princefa do Ceo .

Conſtava odito Vaxel de cinquenta efeis peças deartillaria, vinte pedreiros de bronfe , edufentos homens de guarnicam ; Era provido abundantemente de todas as commodèdades poffiveis por ordem do Senhor Enviado , edepois de feter defpedido detodos os feos amigos juſtamente magoados de exceffiveis faudades , no feguinte dia nosfifemos à vella con vento Norte , queem tres dias de viagem nosfes paffar o Eſtreito de Gibraltar. The a altura de Malega nam tivemos couſa alguma que perturbaffe anoſa navigaçam mas nodifcurfo da noite aviſtamos huma Nao aqual ao amanhecer fe achou diſtante denos meyo tiro de Canham , acompanhada de mais tres navios, que ofdois mais groffos conſtavam de trinta peças, que reconhecemos por Algerinos. O Senhor Enviado depois denos haver animado com feu exemplo ahuma valerofa defefa, ordenou fevoltaffe obordo fobre hum delles , que mais perto nos eſtava, mas aquella Canalha temida da noffa refuluçam , e da grandefa do nofo Navio , fepos emfugida, edepois delhe havermos dado Caffa , continuamos anoffa Viagem com tam contrarios ventos, e grandes calmarias, que fomos obrigados adar fundo a
Adra

mer qui jestois me croyoit Genois a cause du vaisseau, & sapplaudissoit d'entendre si bien la langue Italiene, dont ala veritè je ne scavois pas un mot, mais m'appercevant quil faisoit cet honneur a ma mavuaise prononciation Portuguaise, je ne voulus point le d'etromper, & me contentè de prendre dans sa petite place de tres beaux fruits, & autres refraichissements. Nous fimes ensuitte voile, vers la barbarie, & apres avoir passè lisle de Minorque, que nous avions laissè a nostre gauche, nous entrions dansle golfe de Lyon quand nous fumes pris dun vent contraire, & tres violent qui nous forsat de retourner en arriere pendant toute la nuit sans scavoir a la pointe du jour ou nous estions. Je pourois icy faire le recit d'une tempeste affreuse, sans que la pinture en put estre altrèe par la crainte du danger qui grossit dordinaire lidèe quòn en donne. Je serois dautant plus croyable, que le chagrin de meloigner de Monseigneur le Comte de Vimioso mon cher patron, mavoit tirè tout autre sensibilitè, & rendu comme indifferent le peril de la mer. Je le reguardois au contraire comme la fin prochaine de mes disgraces sans beaucoup dè motion, quòyque je puisse dire quedans les voyages que jay faits sur l'Ocean, dans les plus gros temps, je navois jamais couru tant de Danger. Nous alions sans aucune voile a la merci des vents, & des ondes qui souuant couuroint nostre visseau, quand enfin nous dècouurimes lisle de Maiorque, mais de si proche que si le lieu ou nous nous trouuames n'avoit paseu un bon fond, nous donnions a la coste q'un gros brouillard joint aux vagues quèlevoit le vent, nous empeschoit de decouurir

Adra na costa de Espanha; Eu saltei enterra atomar algum refresco. O Governador, que sem se informar de que nacam eufosse, lhepareceo, que seria Genoves porcausa de Nao, aplaudia a si mesmo obem que entendia à lingoa Italiana da qual para dizer verdade, eu nam sabia huma so palaura, mas persuadindome, que faria esta honrra à minha mà pronuncia Portuguesa, assim o deixei enganar, emecontentej de haver podido tomar naquella sua piquena praça hum bom refresco de frutas, eoutras provisoens. Demos pois à vella com ofavoravel de hum vento fresco, que nos levava da parte de Barbaria, edepois de haver jà passado as Ilhas de Maioriea, e Minorica, comecamos aentrar no golfo de Liam, quando nomesmo tempo hum vento fero, e cruel, que selvantou ao sol posto, nos obrigou atornar atras por espacio detoda anoite, sem que aoamanhecer soubessemos aaltura aonde estavamos pella contrarietade dos nossos Pilloros. Bem puderia aqui faser huma narraçam da mayor, emais horrenda tempestade sem alterar apintura pello temor ordinario doperigo, que costumà aumentar a Idea, jà que apena deme haver posto tam distante do serviço do Excelleutissimo Senhor Conde de Vimioso meu Senhor, me privava de qual quer outro sentimento, de tal forte, que eu deixava aodestino ofim das minhas disgraças, sem algum ab allo bem que posso dizer que nas viagẽ que fis no Occeano me nam encontrei em mayores perigos. Nòs andavamos no discurso detoda anoite à discrissam dos ventos contrarios lutando comasondas, que de continuo cobriam anossa embarcaçam the avistar emfim allha de

a plus de cent pas de distance ; tout le jourse passa a forcer le vent pour entrer dans le port de Pin , & unpeu avant la nuit nos matelots epuisès geterent enfin lancre au nord de lentrèe de ce port a vingt deux braces deau. Nous passames encore cette seconde nuit tres mal , & toujours dans la crainte que nos ancres ne pussent pas tenir bon contre la fureur des vents dont nous n'avions pu nous mettre a couuert.

Son Excellence auoit estè trois jours sans prendre aucune nouriture , & estoit endanger de succomber au mal de la mer, sil ne sestoit resolu de debarquer jusquaceque le temps deuint meilleur , j'alè pour cet effet luy chercher un logement a la Ville de Maiorque ou il vint ensuitte , mais quelque precaution quil prit pour y estre incognito , il ne luy fut pas possible d'echaper ala vigilence du Vice-Roy , homme de Beaucoup desprit. Son nom qui me parut une espece de Litanie estoit Dom Jean Antoine da Pax Orcam , olim , de Boxados de Pinos, de Caualla &c. Jalè le complimenter de la part de Son E.ᵉ & apres m'auoir receu auec toute l'honneteté possible , il me pria d'engager Mouseignenr l'Enuoiè a venir loger a son palais , massurantque si la ceremonie lembarassoit, ils se traiteroint reciproquement comme amis, sans oublier ce pendant de son cotè cequil deuoit a l'Enuoiè dun Roy aliè de son maitre , & fils dun General , & Grand Du Royaume. Je cherchè toutes les excuses possibles pour degager Monseigneur l'Enuoiè a qui je fus porter

Maiorica, mas tam de vesinho , que se olugar aonde nos achamos naq tiuesse huma grande profundesa, dariamos a Costa, pois que huma grossa neuoa nos impedia descobrilla na distancia demenos de cem passos. Todo outro dia sepassou aforsar contra ouento para dar fundo no porto de Pin , e chegando anoite, os nossos marinheiros cansados do continuo trabalho,deitaram a ancora da parte do norte aentrada do ditto porto em vinte, eduas braças de agoa, aonde passamos tam mal anoite, que temiamos , que asnossas ancoras nam bastassem a sustentar oimpetu das ondas .

O Senhor Enuiado por ter passado muitos dias sem comer seuio el risco de sua vida, o que foj hum dos motiuos de nos deixar estar no dito Porto, the que milhorasse o tempo, pello que se resolveo dememandar a Citade de Maiorica a preparar lhe algum alojamento, mas nam obstante toda a cautela que procurou para nam ser conhecido,nam pode faser demenos que o Vice-Roy onam soubesse, o que obrigou ao Senhor Enuiado deputarme para o complimentar da sua parte. Onome dodito Vice-Roy , que naminha opiniam parecia huma ladainha, era Dom Joan Antonio de Pax , Orcam , olim , de Boxados , de Pinos de Caualla &c. Asua pessoa he de bellissima presença, eo seu modo omais Cortes , que encontrei; o dito Senhor mepedio rogasse da sua parte ao S.ʳ Enuiado aquelle lhe fisesse ahonrra de querer vir alojarse em seu palaço, e que quando o ceremonial lhe seruisse de algum embaraço,se offerecia atratarlo reciprocamente como amigo, sem que faltasse ao que deuia a o filho de hum General das armas , e grande de Reino de Portugal. Apennes

ter la reponce, mais a peine jarivè a
lauberge, que le Vice-Roy se fit anon-
cer, & entra si subitement que Monseigneur l'Envolè fut obligè de le recevoir en desabillè. Le lendemain
Son E.e luy rendit sa visite & ne put
reffuser de diner avec luy, apres quoy
nous alames dans ses Carrosses voir
les dehors de la Ville dont les fortifi-
cations sont afsè belles, mais la cituation peu advantageuse.

Nous vimes le jour suivant le tom-
beau du femeux Raymond Lule qui
est engrande veneration, & j'eu du
plaisir d'apprendre les particularitès
dè sa conversion.

Raimond Lule d'une famille noble
de Maiorica estant devenu èperdu-
ment amoureux d'une des plus belles
persones du lieu, la suivoit partout
ou il la rencontroit. Et un jour quil
estoit acheval, la voyant entrer dans
une eglise, il soublia sifort, qu'il y
entra apres elle tout montè quil estoit.
Son amour devenu publique par une
telle indiseretion, la belle qui jusques alors lavoit evitè autant quelle
avoit pu, resolut enfin de se delivrer
d'une persecution qui lex posoit, quo-
yquelle en fut innocente: pour cet
effet elle luy donna un rendès vous
ou Raymond Lule n'eut guarde de
manquer. Il croyoit Suivant lusage
Espagnol ne devoir pas perdre en pa-
roles un temps si precieux, & volut
passer aussitost a toutceque sa passion
luy pouvoit inspirer de plus vif, mais
dans le moment le plus proche de
celuy ou il aspiroit avec tant dem-
portement, la dame qui paroissoit
aussi

nas eu hauia dado detudo isto parte
ao Senhor Enviado, quando nomesmo instante o Vice-Rey fes saber que
era ali chegado para visitar Sua Excellencia, o qual nam lhe havendo dado
lugar o tempo para se compor, o re-
cebeo naforma em que seachava; No
outro dia fui logo apagarlhe a visita,
eficou ajantar comelle nam sepoden-
do escusar, edepois de jantar nos deu
as suasCarroças para hirmos pasear fora da Cidade da qual as fortificacoens
sam competentemente boas, mas o si-
tio pouco vantagioso.

No outro dia fomosuer o mauso-
leo de Raymondo Lule, que setem
com grande veneraçam, e gostei de
saber as particularidades de sua con-
versam.

Raymondo Lule de familia nobre
de Maiorca havendose emnamorado
de huma Senhora das mais fermosas
da quella Cidade, a seguia portoda
aparte. Hum dia que montado a caval-
lo viu aesta Senhora que entrava emhuma igreia, emlevado de seu amor
a seguio entrando pella igreja sem
seapear; Esta accam pouco discreta
havendo feito patentè o seu amor, fes
resolver à quelle Senhora a buscar
hum meyo para liurarse de huma per-
seguiçam, que effendia sua reputaçam, epara este effeito lhe mandou
dizer lhe quisesse falar em certo lugar. Raymondo Lule segundo o uso
Espanhol lhe pareceu, que nam ha-
veria depassar Empalauras tam desi-
derada occasiam que se offerecia, mas
no instante precedente aodomayor
favor, lhe descobriu o seu peito onde
vio Raymondo, que humCanccaro
que nell tinha havia transformado
esta supposta delicia em huma Chaga
me-

auſſi humaine quil le pouuoit ſouhe-
ter, luy decouurit ſon ſein, q'un
cancer avoit changè en une playe af-
freuſe. Voyès ditelle Monſieur le tri-
ſte obiet dune paſſion ſi auueugle; voi-
la ceque vous avès pourſuivi juſqua
lautel. Raymond a laſpec d'une
choſe ſi différente de cequil' ſe-
ſtoit immaginè, fut touchè ſi ſerie-
uſement, que paſſant ſur le Champs
a des reflections dignes de l'etendue
de ſon eſprit, il ſe retira dans un de-
ſert de la meſme Iſle ou il commenſa
une vie penitente, & ſtudieuſe : ce
fut dans cette retraite ou il ecrivit les
euures que lon a de luy, dont on en-
ſeigne la Doctrine a l'Univerſitè de
Maiorque, Sçauoir, Logicales libri,
libri predicabiles, ſpirituales, varia-
rum artium, Medicinæ, Juris utriuſque &c.

Le S.ʳ Jozephe Pinto, qui eſtoit
embarquè avec nous, fit ſur cela un
ouurage deſprit dont Voici le ſujet.
Lon ſçait que lors que le ſoleil, en
parcourant le Zodiaque, rencontre le
ſigne du cancer, il va auſitoſt remon-
tant ſur l'Oriſon, & nous rend peu a
peu ſapremiere chaleur. Il comparoit
au ſoleil Raymond Lule qui apreſa-
voir declinè longtemps par des ſenti-
ments roplibres, * reprit ſubitement a
la vue du cancer le chemin de la plus
haute lumiere parune vie exemplaire
qui la fait reverer, & paſſer pour
ſaint.

Le vingt ſept du Mois le temps
ſeſtant un peu changè le Capitaine
jugea que nous pouvions remettre
a la voile, & Monſeigneur l'En-
voiè prit congè du Vice-Roy qui
le portat abord dans ſon Brigantin, &
nous fit ſaluer de lartillerie de la Ville

* Il ne faut pas côfondre le Raymond Lule dont je parle avec Raymond Lule de tarraga hérétique qui fut condamné par Gregoire XI. vers lan 1375.

medonha. Raymondo emtam à viſta de hum aſpecto tam horrendo,
emenos eſperado, tornou em ſi de
modo que fazendo reflexos dignos de
ſeu grande entendimento, o obrigou
a ritirarſe em hum deſerto da meſma
Ilha, aonde paſſou huma vida ſtudio-
ſa, e penitente, e eſcreveu ſuas obras,
que ſe enſinam na Vniverſitade de
Maiorica, como ſam Logicales libri,
libri predicables, ſpirituales, varia-
rum artium, Medicinæ utriuſque
Juris &c.

O Senhor Joſeph Pinto Pereira
gentilhome Portugues, que ſe acha-
va em noſſa companhia, fès ſobre iſſo
huma bella comparaçam. Sabeſe que
quando o Sol ſe encontra ao ſegno de
Cancro, ſevaj logo remontando ſobre
o Oriſonte para outra ves nos com-
municar o ſeu primero calor. O lhe
com parou ao ſol Raymondo Lule,
que depois de haver declinado de ſeu
grande entendimento por acições
mũito livres, à viſta do Cancro tornou logo atomar ocaminho damais
alta lus por huma vida exemplariſſi-
ma.

Aos 27. domes ſemoderou de tal
ſorte o rigor da tempeſtade, que ſe
reſolveo o Capitan alargar as vellas
ao vento, e continuar a ſua viagem.
Quiſo Vice-Rey neſta forſoſa deſpe-
dida conduſir ſua Excellencia no ſeu
proprio Bergantino athe ovaxel,
eman

le , & des forts, a quoy nous repon-
dimes par unze coups de canon dans
le moment que nous mifmes ala voile . Nous reprimes noftre route vers
la Cofte de Barbarie entre les rochers
de cabreira, oulon fait la peche du co-
coral, & la pointe de lisle ; mais le
lendemain nous fumes forcès de re-
paffer une feconde fois a la vue de
Majorque, & de ranger la cofte deCata-
talogne . Le mauvais temps dura
ancore trois jours, & fut fuiui d'un
calme qui nous fit donnerfond a Ca-
marils a une lieve de taragona , dou
nous levames lancre fur le foir, & le
landemain 4. de Novembre , nous
vimes de fort pres la Ville de Barce-
lone , devant la quelle nous louuoya-
mes autres trois jours, jufquaceque
enfin un vent de nort nous porta pendant la nuit Jufques au milieu du golfe de Lyon , qui fut le plus beau de
noftre navigation. A la vue de lisle de
Corfe le vent ayant vn peu changè
nous refolumes dy aborder , mais a-
yant trouvè une feconde fois le vent
favorable, nous continuames noftre
voyage , & entrames dans le Port de
Genes le unze de Novembre.

Lon ne pouvoit ariver plus apropos pour voir une des plus belles ce-
remonies qui fe faffe en ce pay là ; ce-
ftoit la reception d'un nouueauDoge,
qui fe fit dans la grande Salle du Palais Ducal qui contient cinq a fixcent
perfonnes ; a main gauche de cette
Salle en entrant , eftoit un grand an-
fitheatre couvert de velours cramoifi

furle

e mandou , que todas as fortalefas da
Cidade defem repetidas falvas de artilharia ; à qual refpondemos com
onze conhoens , eovento entrou de
forte , que nos obrigou a continuar
onoffo primeiro caminho da parte da
cofta de Barbaria . Aviftamos de paffagem a quelles rochedos deCabreira
ofquaes anaturefa quis em requecer
dapefcaria do Coral, que fe fãs na
quella altura. Nodia feguinte aincon-
ftancia do tempo nos obrigou a que
aviftamos outra ves a Ilha de Maiorca em coftando nos a parte de Cata-
lunha . Durou ainda tres dias o vento
contrario nofim dos quaes fe ferenou
de tal forte, que feguindo huma grande calmaria , nos fes dar fundo em
Camarilho , que difta hnma legoa
de Taragona . O feguinte dia quatro
de Novembro aviftamos de muito
perto a Citade de Barcelona emcuja
altura nos detivemos tres dias feguindo fempre varios rumos contra a vio-
lencia do tempo : porem entre efte
repetido trabalho hum vento rijo,
mas favoravel aos noffos intentos,
nosfès vencer em huma noite a maior
parte do golfo de Liam ; donde aviftamos a Ilha de Corfica . Nella nam
felançou anchora , por que o vento
nosfavoreceu de forte, que o onze de
Novembro entramos nodefejadoPor-
to de Genova.

O tempo , em que chegamos foj
omais opportuno que fe podia defe-
jar, para vermos o apparatozo acto que
fefàs na coroaçam do feu Doge na
grande Sala do palacio, naqual po-
dem affiftir quafi feifcentas peffoas.
Amam efquerda aoentrar da ditta Sala felevanta hum paleo do compri-
mento da mefma Sala cuberto de ve-

ludo

furle quèl eftoit rangè la nobleffe , & les Dames,dans leurs plus belles parures , au nombre denuiron deuxcent cinquante; vis a vis ilyauoit un autre enfiteatre ou eftoit un corps de Mufique de douze Violons,des trompetes , des timballes, & autres inftruments . En face il y auoit un dais fort Riche , & des bans de velours pour les Senateurs; le nouueau doge vint au palais precedè d'une nombreufe guarde, des Senateurs, & de Sa Maifon habillèe tres magnifiquement, & apres qu'un Jeune orateur eut prononcè un difcours dune demi heure, lon reuetit le Doge d'un habit Ducal, il pretales ferments a coutumès , & fut enfuitte couronè au bruit des fanfares, & de tout le canon de la Ville, & du port . L'affemblèe fut regalèe de toute forte d'eaux glafsèes, & cela fut fuiui d'une magnifique colation, ou les fculteurs auoint plus trauaillè, que la cuifine, confequamment mauuais repas, mais des plus beaux que jaye uu dans ce genre en France, a Rome , & mefme en Angleterre, ou jemefuis trouuè au dernier couronement qui fy eft fait , car dans lun La grande abondance des Viandes,& de vins , Dans celuy cy la delicateffe des rafraichife ments , & les fruits les plus exquis rangès en piramides , acompagnès de confitures qui formoint des figures tres bien entendues. Somme toute la ceremonie nous parut belle , & montroit afsè lopulence de cette Republique .

ludo cremefi trinado d'ouro , a onde fe affenta a maior nobreza ricamente adornada; ejunta mente as Damas,que nefta occaziam fedeixàm ver tam viftozas nos aceyos , que parecem huma animada primauera . Defronte defte palco, correfpondia outro , aonde fe ouuia huma concertada mufica con fuaue armonia de varios inftromentos . Noprimeiro lugar de ditta Sala eftaua armado hum foberbo dócel e debaixo delle huma cadeira grandè: pellos lados eram bancos cubertos de Velludo para fe afcentarem os Senadores. O Doge vinha acompanhado de huma numeroza guarda , e dos ditos Senadores , epropria familia, que fuppofto nam hera muito numeroza , contudo com a riquefa , euiftofo das galas , bem fe podia defculpar tam piqueno numero . Afentado o Duque debaixo de rico docel , hum, eloquente orador efpos hum difcurfo todo politico por efpaço de meya hora , em que exageraua opezo da quella honrra nas obricaoens do gouerno , e acabado efte difcurfo vefti. ram o Doge com manto, Ducal , e feitos ofcoftumados juramentos , lhepuferam a coroa; Feftejaram efta fefta nam fomente com os inftromentos da ditta Sala, mas tambem com artilharia de toda a Cidade , Fortalezas, enauios que eftauam em oporto . O Banquete em que fe terminou tanto aparato, teue de magnificentia Real auariedade das frutas , doces , aguas , leites gellados de toda a forte , ea todo cufto preparadas emforma de triumphos, e pira midas com marauilhofa elegancia , e confeffo que nefte genero nam vi obras mais fingolares em Paris,Rome , e Londre , aonde naultima co

Chacun parle differrament du genie de ses habitants, & il y court un
proverbe peu advantageux, dont pourtant nous ne nous sommes point a
persus, puisque la magnificence des
bastiments marque plutost labondan-
ce que la disette desbois; nous avons fait assè bone chere en poisson, & quant
aux Dames, pour moy jaurois jurè de
leur modestie, sur les Seules apparen-
ces. Elles sont en general tres bien
faites, se mettent de bonair a la Fran-
coise, mais sans magnificence, parceque il ya une pragmatique qui ne
permet les, etofes dor, & les piereries, qu'aux novelles mariées, &
pandant la premiere annèe de leurs
mariage seulement; leur langage
perd beaucoup de lagrement de la
langue Italienne, & les traits de leur
visage nont point cette regularitè, ni
leurs yeux cette vivacitè dune beautè Portuguaise si surprenente, que les
comparer suivant lusage de Portugal
aux etoiles, c'est je croy faire lèloge
des cieux, mais un advantage dont,
jouissent les Genoises qui paroitra tres
extraordinaire en Portugal, c'est un
certein privilege quelles se font donnè d'avoir perpetuellement au pres
d'elles un courtisant, quelles apellent
leur chichisbe. Il est admis a la toi-
lette; il les accompagne a la conver-
sation, a lopera, au bal, & les suit pu-
bliquement lors quelles vont en vi-
ste, marchant apied a cotè de leur litiere, quelque temps quil fasse, sans
se faire une affaire de traverser les
ruis

roaçam sefes excessiva a moltidam
dasiguarias, e quasi sem numero com
os mais preciosos vinhos que sepo-
dem achar, contudó so serviam deli-
zogear ogosto, mas nam de recrear
juntamente avista.

Diversamente descrevem oscurio-
sos as qualidades desta nobre Citade,
epara darem aentender ogenio dos
habitantes della, usam de certo pro-
verbio poco avantojoso, contudo a
magnificencia dos Pallacios dam evi-
dentes signaes da abundancia de ma-
dera, nam deixamos tambem de gostar
da variedade dopeixe, enam sam as
Sinhoras totalmente destituidas de
modestia; sam bem feitas, evestem
todas a Francesa, contudo que lhe sejam prohibidos osbrocados, ejoias
concedendo so aprematica as noivas
apoder usar delles por tempo de hum
anno. A sua lingoa nam he tam a-
gradavel come a Romana, e opincel
da diuina arte nam pos em seos rostos
adiligencia que teue emformar a cara
de huma bella Portuguesa, pois
mostrando aexperiencia, que quem
compararà os olhos desta fermosura
com as Estrellas, mais depressa fas li-
sonja ao Ceo, que favor à Dama. As
Genovesas logram huma prorogativa
tam grande, como rara, apraticarse
em Portugal. Ocaso he que estas
fidalgas usurparam hum privilegio
de terem sempre comsigo cadahuma
hum Cavalheiro galante, elusido,
quelheserve de divertimento, enam
se contentado delle assistir em casa
nos estrados, ainda se estende a sua
finesa à Rua acompanhandoa a pè à
portinhola da Carroça, ou liteira, sem
que osol, ou a chuua sejam bastan-
tes para divertir seu amoroso capri-

D

cho

ruiſſeaux des rues, & ſans diton, eſperer d'autre recompenſe de leurs aſſiduitè, que l'honneur de ſervir une belle Dame, qui pourtant eſt la femme dunautre, pourmoy je croy que les maris le ſoufrent parceque comme elles ont coutâme de choſir pour chichisbe deſgens de bone mine, la vue continuelle de cequi ne leurs ſauroit eſtre indifferent, fait une telle impreſſion ſur elles, quelles en conſoivent de beaux enfants; ſans quil encoute aux maris quoy quil enſoit cet uſage eſt ſi bien introduit chès la principalle nobleſſe, quil fait un deſpoints de la libertè, & ſipeu dangereux, que les predicateurs ne ſi oppoſent point. Les etrangers profitent auſſi de ce privilege, & mylord Piterborou, cydevant general en Catalogne, s'eſtant trouvè a Gennes pour quelque negociations ſuivoit la litiere dune cetteine dame, mais botè a langloiſe, èquipage qui ne fut jamais celuy de la mour, & cette aſſiduitè qui dans un autre lieu auroit paru comique, eſt au nombre des choſes que la mode fait paſſer pour bien ſeance quelques extraordinaires quelles ſoint en effet. Au reſte Gennes a de tres beaux androits, qui a juſte titre luy ont donnè le nom de Gennes la ſuperbe, & toute la Villè eſt ſi propremēt batie, que je n'ay pu diſtinguer quelles eſtoint les habitations des pauures gens. apres avoir vu tout cequi y eſt de plus remarcable, ſon E.ᶜ fit embarquer ſa famille Pour Lyvorne, & luy prit la poſte a lericè. Ièus l'honneur de luy faire compagnie, & cequi me parut de plus beau dans la route, cefurent les rochers de marbre de differentes couleurs qui ſont dans la

prin-

cho, nam eſperando outro premio de ſeu carinhoſo frabalho, que ahonrra de ſervir huma bella Dama; minha natural ſimplicitade meſes crer, que ſeos maridos o conſentem fiados, que tendo ſuas mulheres bellas obiectos, como coſtumam ſer os Cavalheiros xicisbeos faſſa, nellos tal impreſſam que pariſſam filhos ſimilhantes aobietto, os quaes coſtumam ſahir barato aos maridos. Com os Eſtrangeiros nam tem nada de ſoberba pois com ameſma generoſidade de animo experimentamos nellas eſta coſtumada galantaria. Eſtas ſam as differencias, quea depaizes, pois ocuſtume fas parecer bem o que no outro ſenam poderà acommodar com ogenio dos homems. Eſta Republica he dotada de prerogativas tam excelentes, que comjuſtiſſa lhe deram onome de Genova a ſoberba. Deſpois determos anoſſa curioſidade ſatisfeita domais bello, e raro da cidade, Sua Excellencia mandou embarcar toda a ſua familia para Liorne, aonde chegou om felicidade. O Sendor Enviado goſtou mais andar por terra tomando poſta em Lerice, e eu tive a fortuna, e honrra de o acompanhar, e ſervillo neſta jornada; paſſamos pello Principado de Maſſa aonde anatureſa diſpos a fineſa dos marmores com variedade das cores nas groſſarias de hums rochedos, e a Campanha com tam apraſiveis caminhos, que pareciam Jardins para opaſſeo. Aos 26. de Novembro chegamos con feliciſſimo ſuceſſo a Cidade de Leorne aonde Sua Excellencia foj viſitado do Governador, oqual mandou logo ſuas Carroças para que pudeſſemos ver com commodidade agrandeza da

quelle

principautè de Massa , & les chemins qui paroissent autant de belles allées faites expres pour la promenade . Le 26. Novembre nous arriuames a Livorne, vou Monseigneur l'Envoyè fiat ausitost complimentè du Governeur qui nous donna ses carrosses pour voir la Ville, & les de hors . Je remarquè sur le Port des Galeres la belle statue de bronze du Duc Ferdinand sur un pied destal de marbre avec quatre esclaues enchainès au quatre coins . Cette Ville est fort riche , & est proprement le magasin de toute l'Italie . Dans toute cette route ou pour mieux dire dans toute l'Italie lon voiage commodement , & lon trouve partout dassè bonnes auberges , & des chaises a Deux personnes autant que lon en veust ; Nous en primes huit a Livorne , & quelques chevaux de scelle , le surplus de la famille s'embarca pour Civita-Vechia avec le bagage , les cinges , & les peroquets . Nous vimes en passant à Pise les beaux restes de cette Republique, qui , par le nombre de ses Galeres, portoit enciennement ses conqueste jusques dans la terre Sainte, mais qui aujourduy est beaucvup dè peuplè, quoyque bien batie , & dans unebelle cituation . Son Eglise Metropolitane à 76. Colones de marbre qui soutiennent sa voute tres haute , & son dome passe pour un des plus beaux del Italie . Son simetiere , quils appellent le Campo-Santo parceque la terre en a estè apportée de Jerusalem , est si magnifique quil paroit tout ensemble la sepulture , & l'epitafe de ceque pise estoit autrefois . Son baptistaire est aussi for beau en sorte que lon peut dire queles Pisans entrent , & sortent magnifique-

quelle Porto no qual vimos a quella grande statua de bronse do Duque Dom Fernando Com abaza de finissimo marmore,enòs quatro cantos quatro escravos presos com cadeas . Visto oporto , Cedade , e suas fortificacoens . O Senhor Enviado se resolueo aprosequir sua viagem para Roma, logo semeteram emordem oito Caleslos, e alguns Cavallos de cella, eamais familia de Sua Excellencia se embarcou the esta Corte, aonde chegou depois de muitos perigos . Partimos para a Cidade de Piza depresente sogeita ao Gran Duque de Toscana . Antigamente foj celebrada por ser Republica tam poderosa, que com grande numero deGalès teve parte na conquista de Jerusalem ; de sua antiquidade scrveu Titolivio , Plinio, Strabon ,Solin , e Alberto na sua descripsam de Italia ; ainda hoje conserva vistosos edificios , e abondante terreno . O que mais convida a attencam dos estrangeiros he a Igreja Metropolitana por ser huma suntuosa architetura,pois o levantad o e se sustenta a tetto em sessenta e seis Colunas de marmore ; a que corresponde com valentia assua Cappella, emais discurso de toda aobra, o Baptisterio he magnifico , e de singularissima forma , e o Cimiterio, que chamam Campo-Sancto cuja terra veio de Jerusalem, he te tam rica architetura de finissimo marmore, e com tal grandeza , que parece huma celebrada Sepultura do que foram os pisanos , e o epitafio do pouco que duram as felicitades. Nesta Cidade visitou ao Senhor Enviado D. Diogo Lopes de Olhoa Portugues Cathedratico de prima no geral das leis naquella univerfidade, so-

ment de ce monde; il ya un jardin de simples, une universitè, & milles autres belles choses dont Strabon, Solin, Pline, Titelive, & Alberti ont parlè, ainsi jene sortirai pas de mon sujet par une description que lon trouve tout au long dans plusieurs auteurs. Son E.e fut saluè a Pise dun gentilhomme Portuguais professeur & Juris Consulte de l'Universitè, nommè D. Lopes de ulhoa a qui le Grand Duque, en consideration de son rare merite, donne une bonne pension, & la fait commandeur de lordre de S.r estienne. Jay remarquè que plusieurs Portuguais ètablis hors de leur patrie, sont recommandables par quelque merite particulier. Tel est à Gennes le Reverend Pere Sovares de lorde des Bernabites, a Florence le Reverend Pere Jozephe da Costa delordre de la Mission, à Rome le Reverend Pere Datahide, ausi Illustrè par ses vertus, que par sanaissanse; aux Celestins le R. P. Josephe de Castro Theologal de Son E.e & cydevant celuydu Duc de Parma, aux Carmes le R.P. Mindes, & aux Franciscains le Pere Michel,mais si je metandois jusques aux Peres Jesuites, je pourois citer les Peres Michel Dias assistant, Jean Baptista Secretaire du R. P. General; le Pere Jean Cardoso Penitencier, & une infinitè d'autres qui ont fait, & font encore actuellement tant d'honneur a leur nation, & aleurs ordre.

Le lendemain de nostre arivèe a Florence, Son E.e allasaluer le Gran Duc, qui novsregala dune infinitè de gibier, de vin,& de confitures,& nous envoya ses Carosses pour nous en servir le temps que Son E.e resteroit à Floren-

geito tam grande que para acreditar seos talentos superiores em tudo, basta que sendo Estrangeiro occupou. Tal lugar; o excessivo de seus mercimentos primiou aliberalidade do Gran Duque nam somente com acadeira, mas tambem com huma fermosa comenda do habito de Sancto Estevam. Este Cavalhero me deu occasiam de advertir, que em toda a parte a onde assistem os Senhores Portugueses, sabem grangear estimacoens por seos procedimentos, eparticulares talentos, como eu Conheci em Genova o R. P. Soares da ordem dos Barnabitas, em Florença, o P. Jozeph Comes da Costa da Congregacam da Missam;em Roma o R.P. Ataide da Congregacam de S. Philippe Neri dos quintaes nam menos Illustre por sua virtude,que por seu nascimento, nos P.Celestinos de S.Bento, o R.P. D. Jozeph de Castro Theologo do Senhor Enviado antecedentemente da Alteza Serenissima de Parma; nos Observantes de S. Francisco o Padre Miguel, e seeu quisesse alargar. me the na companhia, podia narrar as virtudes do R. P. Miguel Dias assistente de Portugal, o P. Joam Cardoso Penitenciero, do P. Joam Baptista Secretario de seu Geral, e de muitos outros, que foram, eainda servem de exemplo as suas Religioens, e credito à nacam Portuguesa.

Chegamos a Florença, e nodia seguinte foj sua Excellencia a visitar o Gran Duque, que otratou com todas as demostraçoens possiveis de Estimaçam mandandonos logo varios mimos de frutas, doces preciosos, caixas

rence, mais la saison nous forſat dèn
partir plus toſt que nous n'aurions fo-
uhetè, & ne nous donna quapeine le
temps de voir les principalles curioſi-
tes de cettè ville, lune des plus belles
de l'Italie;les places publiques font ornèes de Statues,& de belles fonteines.
Les Egliſes font bien bàties,& entr'autres celle de S.r Laurent appellèe le
Panteon, ou lonvoit les tombaux des
Grands Ducs; le dedans de cette E-
gliſe eſtbati du marbre le plus rare,
dans le quel eſt incruſtè le bronze dorè, le lapislazulaire, l'agate, les per-
les, & dès piereries. Nous vimes auſſi cette gallerie fameuſe qui eſt un
treſor de pintures, de ſculpture anti-
que, de medalles, & de mille autres
raretès qui meriteroint un voyage
expres. La curioſitè du Gran Duc
s'eſt etendue juſqua a voir tous les portraits des grands Capitaines, tant en-
ciens que modernes, parmi les quels
je trouvè celuy de Monſeigneur le
Comte des Galveas, Pere de Son E.e
enfin apres avoir vu les choſes principalles Son E.e m'envoya à Rome en
poſte luy preparer un Palais, en attan-
dantquil ſy fut rendu appetites jour-
nèes, & pour marquer augrand Duc
combien il luy reſtoit obligè d'un
traitement ſi honneſte, il laiſſa entre
les mains du Pere Jozephe da Coſta
tout cequil avoit apportè de plus cu-
rieux de Portugal, qui conſiſtoit en
quantitè de porceleines, eaux de cordua, paſtilles, cachou, a raras; & petits peroquets, pour enfaire prefent
apres quil feroit parti de Florence.
Auffitot que jarivè à Rome je mis pied
aterre ch'es le S.r Dom Joan Ribeira
Gentilhomme Portuguais a qui fon
E.e m'avoit adreſsè, & nous cher-
cha-

com vinhos doſmilhores, e Caroças
das ſuas promptas para nos ſervimos
em todo o tempo que naquella Cidade aſſiſtimos, mas o rigor do Inverno nos obrigou adeixar dever empou-
cos dias omais precioſo de Florença
huma das principaes Cidades da Italia
com o titolo de Bella, logrando em-
diverſas praças publicas ſontuoſas
fontes e perfeitas eſtatuas, tanto de
bronze, come de marmore feitas por
Eſcultores rariſſimos com admiraçam de quem as ve. As Igrejas ſam
feitas com grande, e ſoberba architetura principalmente a de Sam Lau-
renco chamada o Panteon, a onde ſe-
vem as ſepulturas dos Grandes Duques feitas com tal grandeſa, eprimor
da arte ſendo afparedes deſta Igreja
de Jaſpes Orientaes,bronze dourados,
ornadas de perollas, Agata, Zafiros,
e outras pedras finas emcaſtadas por
todas as partes com tal induſtria, que
nam ſeve outra ſimilhante. Admi-
ramos tambem no Palacio do Gran
Duque a gallaria a qual he hum tiſou-
ro de pinturas antigas, e modernas,
ſtatuas aſſim Gregas, como Romanas;
e outras muitas coriofidades, e Me-
dalhas &c. Goſtei muito dever os retratos de todos os Varoens Inſignes,
e Capitans famoſos, antigos, e mo-
dernos entre os quaes eſta o do Excellentiſſimo Senhor Conde das Galveas
pai do Excellentiſſimo Senhor Enviado. Depois de viſto omais principal
deſta Cidade SuaExcellencia me mandou a Roma para lhe preparar Pala-
tio capas de ſua peſſoa, e famillia, e
antes de elle partir deixou namam
do Padre Jozeph de Coſta quantidade de loica da India, caxunde, agoas
de cordua, paſtilhas, araras, papa-

chames l'un ; & l'autre inutilmént un Palais convenable , qui fe trouvaſſe a louer , mais il fit meubler un appartament dans celuy qui fert d'aufpice aux Bernardins , & le porruu ſi abondament de toutes choſes , que quinze jours que nouſy demeurames furent une continuelle bonne chere .

Monſeigneur l'Envoyè a ſon arrivèe à Rome receut les viſites de toute la nation Portuguaiſe , & en auroit eſtè accablè de magnifiques preſens , ſi il ne leurs avoit fait connoitre quil eſtoit trop deſintereſsè pour recevoir des choſes de valeur , mais auſſi aſsè genereux pour ne pas refuſer cequi ne ſetédoit qua un plat de fruit,ou a quelques perdrix . Quoique les Portuguais euſſent eu juſques a lors pour miniſtre des perſonnes d'un merite diſtinguè , ils ne laiſſerent pas de trouuer dans celuicy quelque choſe qui flate davantage lambitation naturelle que lon a devoir repreſenter la perſonne de ſon Roy , par un Seigneur dont la naiſſance reponde au caractere quil doit ſoutinir , & qui eſt plus brillant à Rome que dans aucune autre court de l'Europe . Ils trovoìt encore dans la

gaios &c., para que depois de ſua partida os preſentaſſe ao Gran Duque em ſatisfaçam das fineſas quetinha recebido . Querendo eu executar com prontefa aordem de Sua Excellencia en vinte e quatro horas fis as cincoenta legoas , que ha de Florença a Roma , ſem que oàſpero das Serras co deſertozo dos caminhos embaraçaſſem omeu diſvello . Eu me apiei em caſa de Joam Ribeiro de Miranda hum dos Gentilommes de Sua Excellencia , e nam ſendò poſſivel poder achar palacio ; eu conſenti que o ditto Joam Ribeiro de Miranda allojaſe Sua Excellencia no palacio dos Padres de S. Bernardo , e lhe preparaſſe todo o neceſſario , o que elle fes com Real grandeſa , que em quinze dias , que ali eſteue o Senhor Enviado,e toda a familia foj hum continuo banquete .

Chegado , que foj Sua Excellencia a Roma , recebeu viſitas da nacam Portugueſa a qual queria moſtrar com regallos , e ricos mimos , o quanto applaudiam over na Curia repreſentar o ſeu Rey hum fidalgo de tanta eſtimaçam , havendo muitos annos , que nam tinham tido por miniſtros peſſoas deſta qualidade , e grandeſa dando a entender a todos , que elle que vinha a Roma para honrrar , e ſervir anaçam , enam para darlhe omais piqueno agravo,e que conhecia baſtantemente nos Senhores Portugueſes o quanto o amavam para correſpondelhe com omeſmo affecto . Deu parte Sua Excellencia a o Cardeal Paulucci Secretario d'Eſtado de como tinha chegado a Roma ; mas como eſta Corte coſtuma ſer mais frequentada de Embaixadores , e Reſiden-

la perfonne de Son E.ᵉ certeines ma-
nieres honnetes, & prevenantes, qui
luy attirent la refpectueufe confiance
dun chacun . Son E.ᵉ donna part au
Cardinal Paulucci Secretaire d'etat de
fon arrivèe a Rome, mais comme juf-
qu'alors lonnavoit point reglè a cette cour de quelle maniere lon devoit
recevoir les Envoyès des teftes cou-
ronèes, ce n'eftoit pas une chofe fa-
cile a decider, dautant plus que lon
avoit donnè precedament un traitement plus honnorable aux refidents,
qu'aux Envoyes, qui n'avoit pas fait
dordinaire un long fejour a Rome,
enforte que il fut neceffaire a l'occafion de Son E.ᵉ de faire un reglement
nouueau qui le mit entre l'Embaffade-
ur, & le Refident, & comè dans cette
cour le ceremonial eft fouuant l'ori-
gine d'une mefintelligence prejudi-
ciable, & quelque fois d'une rupture,
Son E.ᵉ ne jugea pas apropos de tra-
vailler a fe mettre en publique jufquaceque lon luy eut accordè les hon-
neurs quil croyoit convenables a fon
caractere . Son Eminence Monfeigneur le Cardinal Barberini, qui honnore Monfeigneur l'Envoyè d'une
particulier'amitiè, fe chargea du memoire de Son Exc.ᵉ & d'un autre cotè
Son Eminence Monfeigneur le Cardinal Ottoboni folicitoit Sa Saintetè
de favorirfer le Miniftre d'un Roy
inviolablement attachè au S.ᵗ Ciege,
& aupres de qui les Nonces trovoint
a Lisbonne toutes la faveur immagi-
nable. Son Eminence agiffoit dautant plus volontiers, quil femble dans
toutes les occafions de rendre fervi-
ces a la Couronne de Portugal, que
la bienveillance du Pape Alexandre
huit fon oncle pour le Roy D. Pedro,
ait

dentes, nam tinha a the qui eftabeli-
cido tratamento para Inviados Extra-
ordinarios de Monarcas, eaffi nam foi
facil de dicidir como haviam de receber Sua Excellencia fem que primeiro fizeffem diverfas Congregaçoens
de Cardeaes para refolverem hum
tratamento, que foffe menos de Embai-
xador, e mais que Refidente, e entre
tanto que nam vinham a efta refolu-
çam, nam quis o Senhor Inviado dar
principio a fua preparaçam de meterfe em publico, por entender nam que-
reria o feu Rey affiftiffe em Corte a onde felhefaltaffe à minima parte das
Regalias que fedevem a fimilhantes
reprefentantes, e peffoa da esfera de
Sua Excellencia; O Senhor Cardeal
Francifco Barberini o qual trata o Senhor Inviado com huma eftreita
amifade, fazia nefte negocio por parte de Sua Excellencia, como tam ben
o Eminentiffimo Senhor Cardeal
Ottoboni fole citava a Sua Sanéti-
tade, que confolaffe o Miniftro de
hum Rey tanto amante da See Apo-
ftolica dando continuos finaes de veneraçam nos favores; que na fua Rial
Cidade de Lisboa exprimentam os
Nuncios; e bem fevia no zello com
que Sua Eminencia fe moftrou nefte
negocio, e fe moftra em todos ofin-
tereffes da Coroa de Portugal herdei-
ro de feu tio a boa memoria do Papa
Alexandre Oitavo amantiffimo del
Rey D. Pedro Segundo que Deus tenha em gloria; querendo efte Cardeal Princepe intereffarfe em tudo o
que toca à Mageftade del Rey Dom
Joam o Quinto. Tratada muitas, e
repetidas vezes efta queftam do ditto
Ceremonial em varias Congregaçoens; defferida de huma para outra, fe
paf-

ait pas!è dans le fang d'un neveu fi-
genereux, pour!intereffer veritable-
ment a tout cequi reguarde aujourdhuy le Roy Dom Joan. La chofe
agitée dans diverfes Congregations,
& remife plufieurs fois fe termina enfin, apres plus de fix mois, a tout ceque Monfeigneur l'Envoyè pouvoit
raifonablement fou heter.

Il fut permis a Son E.ᶜ de faire ha-
uffer le Baldaquino dans la Sale defes
aftafiers, & dans la chambre d'audiance.

De faire mettre des glans de foye
noire a la tefte defes chevaux, qui eft
ceque lon appelles des fioques.

De porter l'ombrello, eft um para-
fol que porte un Valet audevant du
Caroçe fou le bras.

Un couffin de vellours noir; il fert
a l'Eglife ou fi lon rencontre le Saint
Sacrement.

Que le Decano pouroit eftre habillè de vellours noir; ceft le primier
eftafier.

Que les Cardinaux qui ne luy do-
neroint pas le titre d'Excellence le
traiteroint de Lei a la troifieme perfonne, & non de Illuftriffima, que
lon donne au Refident.

Quil pouroit demander l'audiance du Pape le jour pour le lendemain,
ou le matin pour lapres mi di.

Quil entreroit a l'audiance le pèe
ou cotè, & le chapeau fous le bras.

Que les Cardinaux le receuroint en
habit decent, & non en habit court
ou en defabillè.

paffaram feis mezes; e finalmente fe
determinou tudo a quillo, que com
refam pertendia Sua Excellencia, que
hera.

Ter hum docel levantado na Sala de feos Lacaios, os quais chamam
eftafeiros, e outro docel em cafa das
audiencias.

Borlas de feda negra nas cabeças
dos Cavallos.

O chapeau de fol, qua coftumam
os Cardiaes, e Princepes fazer levar
por hum criado adiante de fua Carroça de baixo do braço.

Hum coxim de vellude para fepor
da goilhos na Igreja ou na rua quando
encontraffe o Sanctiffimo Sacramen-
to.

Que o Decano de feos Lacayos pudeffe andar veftido de veludo como
odos Cardiaes, e Princepes.

Que a qnelles Cardiaes os quaes
lhe nam deffem o titolo de Excellencia lhe nam pudeffem dar o de Illu-
ftriffimo, que coftumam dar a os Re-
fidentes, mas que lhefalaffem por
terceira peffoa, que em Italiano fe dis
Lei.

Que pudeffe pedir audiencia a S.
Sanctidade de hum dia para o outro,
e de manham para a tarde.

Que entraria de Sua Sanctidade
com efpada a cinta, e chapeau de baixo do braffo.

Que os Dardiaes o receberiam
compoftos com veftidos de corte,
e nam de Campanha.

Pietro Zerman del.
Gio: Batta Sintes sculp. Rome

Pietro Zerman del.
Gio: Batta Sintes sculp.

Monfeigneur l'Envoyè contant, quelon eut fait a fon occafion un reglement qui le met dans une jufte proportion au deffus du refident; fans prejudicier a l'Ambaffadeur, donna les ordres neceffaires pour fe mettre en publique. M.ʳ Manoel Gonzalves un de fes Gentilhommes fe chargea de faire faire les armes que lon acoutume de mettre a la faffade du Palais, & comme ce Gentilhomme a bon gouft, & une difpofition toute particuliere pour la pinture, il y reuffit tres bien, & employa le S.ʳ Michel Ange pour mettre fon idèe en execution; elles ont vingt cinq palmes de hauteur fur 15. de large, & les figures font beaucoup plus hautes que le naturel; elles furent elevèes a la faffade du Palais aubruit des timballes, & des trompettes, pendant que Son E.ᵉ eftoit allè au plais de S. Pierre a fa premiere audiance publique; voicy les eftampes de ces armes qui jay fait graver fur les originaux.

O Senhor Inviado fatisfeito de que por fua caufa fe eftabeleceffe neita Corte hum novo Ceremonial com o qual os Monarcas pudeffem mandar por Inviados peffoas da primeira sfera fem preiudicar ao titolo dos Embaxadores, deu logo as ordens neceffarias para feu luzido treno de meterfe em publico. O S.ʳ Manoel Gonçalues Ribeiro hum dos Gentilhomes de Sua Excellencia tomou por fua conta em mandar fazer as armas do Papa, e às de Sua Mageftade, que fe coftumam por em cima da porta do palacio, e tendo efte Gentilomem huma rara, e fingular eleiçam para muitas caufas lhe fucedeu perfeitiffimamente como fevē nas eftampas feguintes; que eu fis abrir fobre os originaes que elle fes pintar de fua Idea, e capricho por Miguel Angello. As ditas armas tē cadáhuma vinte e cinco palmos de altura. Forąm poftas na fachada do Palacio de Sua Excellencia. A os catorze de Abril, a fonoro ruido, e feftivo eftrondo de trombetas, tambores, clarins, e attaballas, em tempoque eftavamos fazendo a primeira vifita empublico ao Papa.

LE Palais de Son E.ᵉ ; qui eſtoit precedamment du Cardinal Cavalerini , a cinquantedeux feneſtres ſur la rue , & les appartements ſont doubles .

La Salle des eſtafiers eſt tres ſpacieuſe , ornèe dun dais de drap rouge de 26. palmes de hauteur , bordè de ſoye de meſme que les portieres .

Les trois premiers anticambres ſont meublès de damas cramoiſi avec leurs friſes , & cieges de velours , & les rideaux de tafetas de meſme couleur.

Le quatrieme anticambre eſt tapiſsè de damas guarni d'un large galon d'or ſur toutes les coutures , & les friſes . Les fauteuils ſont de velours guarnis deleurs franges , & de leurs galons d'or ; Les tables de jaſpe ſur des pieds dorès . Dans cette chambre ſont les portraits de leurs Alteſſes D. Franciſco , D. Manuel , D. Anthonio freres du Roi , & de l'Infante ſa ſeur . Lon entre enſuite dans la chambre d'audience qui eſt plus magnifique que les precedentes dans laquelle , lon voit ſous un dais tres riche le portrait du Pape , & a ſes cotès ceux du Roy , & de la Reyne de Portugal dans des bordures de bon gouſt , aſsè riches . Ces portraits ont eſtè faits par leSieurDavid peintre Venicien ſur les originaux que Son E.ᵉ avoit apportè de Lisbone pour la reſſemblence ſeulement .

Les

OPalacio de Sua Excellencia , no qual antecedentemente morava o Cardeal Cavalarini , tem cincoenta , e duas janellas da parte da rua com dobrados apartamentos.

A Sala dos lacayos he eſpacioſiſſima , armada com hum docel grande de pano vermelho todo bordado de ſedas , da altura de 26. palmos com ſua balauſtra rodiado todo de pinturas , e de baixo do dito docel eſtam as armas de Sua Excellencia . As Cortinas das portas d'eſta Salla ſam do meſmo pano bordadas da meſma cor , e os bancos pintados com as armas de Sua Excellencia .

As tres primeiras anticameras ſam todas armadas de damaſco cremeſi com ſenefas de velludo , e nas janellas cortinas de taffetà todas cheyas de Cadeiras de veludo .

A quarta anticamera alem de ſer armada de hum rico damaſco , tem galoens de ouro por todas as coſiduras do damaſco ; As ſenefas , e cadeiras ſam de veludo guarnecidas de galoens , e franjas de ouro , e no cham eſtendido hum tapete da perſia . Neſta quarta anticamera eſtam os retratos de ſuas Altezas os Senhores Dom Franciſco , D. Manoel , D. Antonio com o da Senhora Infanta , e deſta caſa ſe entra na da audiencia a qual excede na riqueſe a todas as outras juntas . Neſta eſtam de baixo de hum riquiſſimo docel os retratos do Papa , del Rey , e da Reynha com molduras de rico valor , e arte ſingular . Eſtes retratos os quaes dam nos olhos de todos , os que vem viſitar Sua E.ᵃ foram feitos por David pintor Veneziano havendo trazido Sua E.ᵃ de Portugal os originaes dos quaes ſe pudeſſem fater eſtas copias .

Os

Les autres apartements font meublès a proportion de ce luici tres proprement.

La famille haute de Son Excellence consiste en

Mon.ʳ Jozephe Bartolè Maiftre de Chambres.

Mon.ʳ Manuel Martin Canfado Secretaire de S.E.

Mon.ʳ Pierre Vas Tarouco Major d'Homme.

Mon.ʳ Joan Ribeira de Miranda Secretaire Dambaffade.

Mon.ʳ Manuel Gonfalve Gentilhomme de S.E.

Mon.ʳ Manuel de Fomtfeca Gentilhomme de S.E.

Mon.ʳ Sebaftien Rapofo Gentilhomme de S.E.

Mon.ʳ Alexandre Henriques Gentilhomme de S.E.

Mon.ʳ Pierre Fourtado aumonier.

Mon.ʳ Domenico Anthonio Nicolai Secretaire de langue Italiene.

M.ʳ Criftofle Pereira) deux abès au service de S.E.
M.ʳ Joan Dias da Silva)

Mon.ʳ Andre Neapoliona Maiftre D'hotel.

M.ʳ Amar da Motta) Valets de Chambre
M.ʳ Jean de Luca)

Un Maiftre de Curie Mon.ʳ de Angelis.

Francois de Benincafa Capitaine de la Porte.

Et moy qui ai lhonneur deftre l'ecuyer de S.E.

Pour rendre juftice au merite de tous ces meffieurs je me contenteray de dire quils font honneur chacun aleurs employ, & a leurs nation. Ils portent des habits differents fuivant les

---

Os outros apartamentos fam armados de panos de Ràs com muita galantaria.

A familia de Sua Excellencia confte nas peffoas a baixo nomeadas.

O S.ʳ Jozeph Bartole Meftre de Camera.

O S.ʳ Manoel Martins Canfado Segretario de S.E.

O S.ʳ Pedro Vas Tarouco Mayordomo.

O S.ʳ Joam Riberio de Miranda Gentilhomem das Embaxadas.

O S.ʳ Manoel Gonçalues Ribero Gentilommem de S.E.

O S.ʳ Manoel da Fonçeca Gentilhommem de S.E.

O S.ʳ Sebaftiam Rapofo Gentilomem de S.E.

O S.ʳ Alexandre Henrique Gentilhommem de S.E.

O S.ʳ Pedro Fortado Capelan.

O S.ʳ Domenigo Anthonio Nicolai Segretario da lingoa Italiana.

O S.ʳ Chriftovam Pereira) dous Abbades a o ferviço de S.E.
O S.ʳ Joam Dias da Sylva)

O S.ʳ Andre Napolioni Meftre de Cafa.

O S.ʳ Amaro da Motta) Aios de S.E.
O S.ʳ Joam de Luca)

O S.ʳ d'Angelis Meftre da Eftreuarie.

Francifco Benincafa Capitan da Porta.

E eu que tenho a honrra de fer eftribairo de S.E.

Nam querendo fua E. entraffe em fua caza peffoa que nam pudeffe fervir de credito a naçam Portuguefa, todos eftes Senhores entraram nefta Corte fem mais empenhos que o de feus

les occasions ; ceux de campagne sont de drap d'Angleterre de differentes couleurs galonès d'or , & pour habits de ceremonie, des Justaucorps de moire noire avec les manches, & les vestes de brocar d'or, des manteaux de moire doublès de lustrin, de grandes peruques, des rabats. & manchettes da point.

seus merecimentos e prendas ? Vestem os ditos Gentilhommes de diverses maneiras ; seus vestidos de Campanha sam pano Ingles de diversas cores conforme o gosto de cadahum guarnecidos de ouro;os de corte sam huma bella seda negra com vestias, e canhoens de brocado de ouro, voltas epunhos de ponto feitos em Genova,e capas da mesma seda forradas de sitim , levam todos cabeleiras compridas que fazem todos juntos bellissime vista .

Les trois Livrèes .

Librès,

LA livrèe de Ville est d'nn drap ecarlatte couver d'un large galon d'or sur toutes les coutures, auxcotès du quel est un galon de velours fort ètroit, melè de differentes couleurs, & aulieu de boutonieres ce sont des agrements d'or, larges de quatre dois de deux cotès, devant, sur les manches, & deriere . Ilya trois livres de galon d'or sur chaque Justacorps. Les boutons sont de fil d'or, les vestes de drap verd tourville bordèes de galon d'or; les bas de soye, & des plumes rouges , & blanches sur des chapeaus bordès d'or, le tout si magnifique quil ni en a aucune a Rome qui en aproche.

SAm vint e quatro os vestidos de pano berne forrados de cor verde de mar , com vestias, e calçoens da mesma cor . A guarniçam do dito vestido he hum galam de ouro largo tres dedos, e para unir a boa eleiçam e manificencia , se ve a os dous lados do dito galam de ouro hum piqueno de veludo de varias cores, o qual senam fosse, pareceria ham destes vestidos mais proprio para hum official de guerra , que para libre. Os botoens da casaca sam de fio de ouro, e as casas sam alamares de ouro de huma, e outra parte largos de quatro dedos, de modo que cada vestido d'este la cayos leva quarenta, e quatro onça de galam . Os chapeos sam com caires de ouro , plumas vermelhas, e meyas de seda brancas, punhos, gravatas cabelleiras, spadins, the as luvas sam todas da mesma cor, e a custa de Sua Excellencia .

Il ya vingt quatre autres livrèes d'etè quisont d'une ecarlatte tres fine garnie d'un galon de soye couleur d'or , blan, & verd; & vingtequatre autres encore de drap gris de fer pour

Sam outras vinte e quatro vestidos de escarlatto guarnecidos de galoens menos ricosda primeyra, e outros vinte , quatro de pano de cor de

la campagne, doûblèes de rouge avec des boutons de cuiure dorè, des groces eguilettes de foye fur le paule, & des manteaux de mefme drap.

Outre ces trois livrèes il ya huit laquais habillès de camifoles blanches bordèes de rouge avec des cintures fort amples de tafetas verd tourville, des culottes come celles quont en Portugal les andarinos, a falbana de Dantelles d'or, & des petits chapeaux bordès d'or avec des plumes rouge, & blanches. Ces laquais courent audevant du carroffe de Son E.ᵉ lors quilva a 6. chevaus.

Le Decano, qui marche toujours aucotè du carrofe e ordone le fervice aux autres eftafiers, eft habillè de velours noir a la Romaine. Outre ce nombre de domeftique les Gentilhommes ont encore leurs valets particuliers avec des livrèes telle quilleur plait; les deux miens, a caufe de mon inclination particuliere a la maifon de Vimiofo, font habillès de drap verd avec des allamars de galon d'argent, & des plumes vertes,& blanches &c.

Apres que Son E.ᵉ fefut fait apporter des deffeins de carrofes des milleurs artiftes de Rome pour en choifir un qui repondit a la magnificence quil feftoit propefèe, il me fit l'honneur de preferer celuy dont javois fait faire le modelle, & pour me marquer davantage combien il en eftoit content il mordonna de faire prefent d'une medalle d'or a celuy par qui jàvois fait mettre en execution mon idèe. Je mètudie'a joindre la richeffe des carroffes a la Romaine, au bongouft des eftoufes de France fur des proportions mageftueufes, & a ex-
pri-

ferro forrado de vermelho com botoens de metal dourados com capas do mefmo pano.

Alem deftas tres librès fam oito de corredores, que fe chamam lacayos veftidos ligeiramente com muita bifarria com calçoes largos de chamalote de ceda encarnada feitos com bambafes rodeados de renda de ouro. Eftes criados correm diante das carroças quando Sua Excellencia anda a feis cavallos.

O Decano dos lacayos, que ordinariamente anda fempre vifinho à porta de Carroça, vefte de velludo à Romana. Fora deftes criados tem os Gentilhommens de Sua Excellencia cadahum os feos com libres que lhe parece. Os meos por particular refpeito que theno à cafa do Excellentiffimo Senhor Conde de Vimiofo trazem libres de pano verde com alamares de galam de prata, e galoens de velludo de varias cores con fuas plumas verdes, e brancas.

Depois de Sua Excellencia ter vivifto varios de buxos de Carroças dos milhores, emais raros Efcultores de Roma, me fes a honrra de preferir hum que eu mandei fazer de minha elieçam ficando tam contente à vifta do modelo da ditta Carroça, que me ordenou regalaffe huma medalha de ouro a quem tinha feito o dito modello. Aminha particular atençam foj de vnir a riquefa das Carroças Romanas à belleza das Eftufas Francefas, e fafer amais magefto fa que foffe poffivel, moftrando no entalho, e pintura dellas as virtudes

G del

primer dans la ſculpture, & dans la pintûre les vertus du Roi de Portugal, la grandeur de ſes etats, & la valeur de ſes peuples.

del Rei, a grandeſa de ſeos Eſtados, e o valor de ſeos vaſſallos.

'Eſt donc une reſtitution que je fais a la Sacrèe Mageſtè de Dom Jean Cinq.ᵉ plus toſt qu'un omage, puiſque jay emprunté des propres vertus de ce Monarque les omements qui donnent quelque reputation a cet ouurage, auſſi ne pretends je point tirer une vaine glorie d'un ſimple devoir dont je m'aquitte, & bien loin d'avoir travaillè aux de pens de l'imagination, jaurois pu, dans une matiere ſi vaſte, trouver ſans peine de quoy enrichir d'ornements, les plus ſuperbes edifices, dignes d'une memoire eternelle, jentrepredrois de faire le portrait de ce grand Roi, ſi la renomée ne mavoit prevenue, & comme dailleurs le pinſeau pourroit trambler dans la main meſme dappelles, je me contente de l'annagrame que jay trouuèe dans ſon nom, ou ſans changer ogmanter ny diminuer une ſeule lettre, lon trouve la plus belle eloge q'un prince puiſſe deſirer. La depence prodigeuſe de ce Roi dans les jndes, & dans tous ſes eſtats, pour logmentation de la foy, & du Culte Divin, ſont des qualitès qui eclatent dans ſa perſonne, & feront un jour les plus beaux traits de l'iſtoire.

Arecerà igualmente reſtituiçam, que reverente obſequio, eſte tributo que conſagra aminha obrigacam à Sagra Mageſtade del Rei D. Joan o quinto, por haver tomado das ſuas virtudes o mayor luſimento para eſta obra, da qual me namfica vana gloria conſultando que a Excellentia de tam grande Monarca he ſufficiente para enrriquecer os mais relevantes edificios dignos da eternal memoria, e aſſim deixo por conta da fama o pre goar taes grandezas, e conhecendo que ainda na propria man de Apelles tremeria o pincel, ſe de tantas virtudes juntas, quiſeſſe fazer huma pintura; me contento de repetir hum anagramma que achei em ſeu nome ſem acreſcentar, nem demenuir letra alguna, o qual he em poucas palauras omais bello panegirico que ſe pode offerecer a hum Rei amante da verdadeira e mais luſida gloria.

AU

Jean
cinquieme Roi
de Portugal et des
Algarues
anagramme
o Le Grand Prince
que tu as aimè Dieu
et sa Gloire
INNS V. PORT ALIA ET
L C ARVI R
PRÆVI VICTO
Pietro Zerman del.
Io: Batta Sintes Sculp. Romæ

AV ROI
D. IEAN CINQ.ᵉ
DE PORTVGAL.

Viſſant Roi qui du ciel tenès entre les mains
Le droit de decider du bonheur des humains.
Par l'union des vertus, & d'un pouuoir ſi ample
Vous eſtes en meſme temps noſtre Roi, noſtre exemple.
Et par cet art divin, & ſi ingenieux
Vous captivès nos coeurs, & redoublès nos veux.

La guerre epuiſe en vin ce Monarque en depences
Il ſçait ſi bien regler le fond de ſes finances.
Que ſans rien negliger on levoit entout lieu
Semer abondamment celle quil fait pour Dieu.
Son miniſtre aujourdhuy par ſa magnificence
Annonce le retour de lancienne abondance.
Le tage ou les caſars rampliſſoint leur treſor
Convertit de nouueau ſes ſables en monts d'or,
Ou ſon Roi, dont on voit une ſi vive image
Veuſt des ſables du tibre en faire ceux du tage.
Rome pour ce Caſar a vos Caſars egal
Faites retentir l'air des viva Portugal.

AD

AD SACRAM MAJESTATEM

D. IOANNIS V.

LUSITANIÆ REGIS

EPIGRAMMA.

 *EN Rex Armipotens Lusitani gloria Regni,*
Oceani vastis qui dominatur Aquis;

Inclita progenies Regali Stirpe JOANNES,
Heres Bellipotens, Rege Parente Satus.

Justitia imbutus, rerumque omniscius Heros,
Virtutis cunctas qui coacervat opes;

Puppibus hic altis, & montis qualibet instar,
Neptuni Tiphos perterefecit ovans;

Xaverium cujus Proavus transmisit ad Indos,
Hinc ibi crescit adhuc intemerata Fides.

Hujus & intuitu nunc Crux veneranda triumphat,
Ac Thure, ac Tædis qualibet Ara micas;

O utinam Reges huius Systema tenerent,
Tunc Octomani Luna silert opus.

Obsequii, & Deditionis ergo
Gaspar Sfragaro.

Descri-

Pietro Zerman del.
Gio. Batta Sintes sculp. Ro.

Out le Char, les Roues, les fer-
rements, & le corps de ce carosse sont dorès, garnis de festons,
de figures de tres belle sculpture, &
pour joindre le bon goust a la magnificence, jay decrit sur le corps du carosse en pintures legeres, & tres vi-
ves, les attributs les plus convenables
suivant l'idèe que je men estois for-
mèe.

Les quatre bras du train ou sont at-
tachèes les suspentes sont quatre figures d'une belle attitude, qui representent les quatre parties du monde dans
les quelles le Roy de Portugal a des
terres, ou pour mieux dire des Ro-
yaumes. Le marchepied du cocher
est fait enforme de coquille soutenue
par deux fleuues, qui sont le tibre, &
le tage, qui quoyque distant l'un de
l'autre ne laissent pas davoir une parfaite union par la grande correspon-
dance de leur maitre, entretenue en
partie par la prudence de leurs ministres, qui font qu'aujourdhuy encore
comme enciennement, les Romains
trouuent pour ainsidire de lor sur les
rivages du Tage.

Les rayons des roues sont faits en
forme de sceptre, de maniere que de
quel cotè que tourne le carosse, tout
son pois repose toujours sur un sceptre, de mesme que cest sur le sceptre,
que les peuples se reposent de leur li-
ber-

Sta primeira carroça em que Sua
Excellencia fes sua entrada he
por confisam de todos amais vistosa,
que se ue hoje em Roma, e com tal
disposiçam fabricada, que a o sahir em
publico foj igualmente aplaudida, que
admirada. No carro seapurou a arte
no entalho das figuras como tambem
nos festoens, rodas, e ferros. O corpo de toda a carroça he hum monte
de ouro malitado com taes pinturas
que nam se sabe distinguir a admira-
çã, que ha nella de mais precioso se ouro, se os rasgos do pincel. Todas estas
figuras sam naturaes emblemas das
repetidas glorias de Portugal, e vertudes de seu Monarca.

Os quatro braços do seu carro se
compoem de quatro vistosissimas figuras em que se representam as qua-
tros partes do mundo, nas quaes o valor Portugues nam somente rtemulou
Bandeiras, mas conquistou Imperios.
Aonde estriba o cocherio os pes, he
huma concha sustentada de dous ce-
lebrados Rios o Tejo, e o Tibre. As
distançias de hum, e outro Rio nam
impedem a uniam para Triunfo, por
que ambos concorrem com ouro de
que he animada esta maquina, o Tejo
oha em suas areas, e o Tibre o offeroce
na carroça.

Os rayos das rodas sam entalhados
a modo de Sceptros de tal sorte, que
em todo o movimento, que fas a dita
carroça sempre o peso della discansa
sobre hum Sceptro, empresa de que
acontece nasbem governadas Mo-
nar-

berté, & que Roulent les affaires les plus importantes de l'etat.

Le corps de ce carrrosse a treize palmes de hauteur dans son tout, en comptant dubas de la portiere qui est elevèe de terre de deux palmes, & quoyqu' il puisse contenir huit personnes, son poids cependant est proportionè a la force de deux chevaux frisons.

Tout le dedans, & l'imperialle en dehors, est doublè de velours cramoisi brodè d'or avec ses campannes, & franges tres riches. Les amours qui sont assis sur les portieres, & dans les millieus audessus des glaces devant. & deriere, tiennent dans leurs mains de gros glans d'or, & des festons de fleurs de sculpture.

Quatre figures paroissent naitre des quatre coins du corps du carosse qui representent la Justice, la moderation, la liberalitè, & la prudence, les quelles vertus unies, font une armonie parfaite dans le coeur d'un souuerain, & je croy dautant plus les devoir adopter au Roy de Portugal, que jay eu le bonheur d'en resentir les effets pendant quatre annèes que j'ai eu l'honneur d'estre a lo cour de ce genereux prince.

narquias aonde sobre o Sceptro de seus vigilantes Monarcas se fermam todas as fortunas de seos Vassallos.

O corpo d'esta carroça tem de altura treze palmos medindoa da parte mais inferior da partinhola, e esta fica distante da terra sò dous palmos. Com bastante desafogo cabem nella oito pessoas, e com ser tam grande o peso della he proporcionada a força ordinaria de dous cavallos frisoens.

A parte de dentro, e mais o teto de fora he forrado de velludo cremesi com riquissimos bordados de fino ouro; as cortinas sam de brocado, e fica toda esta obra tam aprasivel à vista pella variedade dos bordados de ouro, quanto pella valentia em que se emlaçam, que convida necessariamente a registralla as a advertencia da mais mortificada attençam. Do teto da Carroça pendem largas, e ricas franjas de ouro com tal envençam tecidas, que nos movimentos da carroça se transformam em tremulentos ondas de ouro fino. Os oito pomos sam de metal dourado de sequinos com tanto primor fabricados, que senam forem muitos, e repetidos os exam esa valentia do artificioso correra por natural.

Nascem dos quatro cantos da dita carroça quatro figuras de mezo corpo, que representam a justiça, a moderaçam, a liberalidade, e prudencia, virtudes que unidas nocoraçam de hum soberano fazem huma armonia perfeita para as mais acertadas direçoens de hum admiravel governo, e o Monarca Reynante em que residem como em centro, he a Sagrada Magestade del Rei Dom Joam o Quinto de que eu sem lizoja sou abonada

Sur le millieu de l'imperialle de ce superbe carosse lon voit un groupe de trois amours qui soutienent la couronne de Portugal, & semblent l'elever au ciel: j'ay voulu donner a entendre que l'amour des peuples est lappui le plus assurè des couronnes, & que ce mesme amour , fortement imprimè dans le coeur da la nation Portuguese, pour un Roi accompagnè de tant de vertus, l'elevent jusqu' au ciel par leurs adorations .

Il nait de cette couronne trois festons , dont l'un est de fleurs, l'autre dèpis , & l'autre de raisains , qui representent les trois belles saisons de lannèe , & non les quatre , parce que je croy, que sous un si beau Reigne lon ne sentira jamais Dhiver, ses sujets se faisant honneur de concourrir tous avec la mesme chaleur a tout ce qui peut contribuer a la gloire de leur Roi .

testemonha pellas experiencias de quatro annos que asisti na sua Corte.

Os tres amores , que eu pus em figura de alados meninos sobre o meyo do tecto da carroça, pella parte de fora , sustentam a Coroa de Portugal tam levantada, que pello ligeiro movimento de suas azas parecem constituir a todas superioridade, pois do repetido amor dos pouos , sam infallivel consequencia as firmesas, e augmentos dos mesmos Reis , e a naçam Portugueza he primeira sem segunda nas finezas a establecer com ventagens conhecidas a Coroa de seos Monarcas .

D'esta mesma coroa saem tres açafates , hum delles cheyo de flores , ò outro de espigas , e o ultimo de uvas simbolo das tres mais ferteis stajoens do anno, como sam a Primavera, Veram , e Outono . Pareceu me Muito acertado nam meter nesta empresa a figura do Inverno, porque como esta no sentir de muitos he Gerolifico dos infurtunios , nam he conveniente tenha lugar em huma Monarquia como a de Portugal a onde agraça , e a natureza concorreram para formarem a o Reynante ; Monarquia tam adequadamente perfeita , que todo por em tudo nas praudas mais relevantes , sam infalliveis as venturas de seos Subditos , e muito mais quando nos verdadeiros Portugueses se encontra a consonancia de serem argos para as glorias de seu Rei .

La pinture du primier Carrosse.

A pintura da primeira Carossa.

DEux ovalles occupent le millieu des bades portieres, & representent tailles; ces medalles sont soutenu-
es

AOs lados da Carroça seve no meyo das portinholas em hum piqueno circolo ovado huma batalha, e
susten-

es par deux figures dont l'une tient une couronne d'Olivier, & un bouclier, l'autre une couronne de Laurier, & une epèe ; ces Deux figures reptefentent la paix, & la guerre, & portent toutes deux des couronnes parceque lon peut dire avec juftice, que fi les Portuguais font glorieux dans la guerre par leurs epèe, ils ne le font pas moins dans la paix par leur commerce maritime.

fuftentafe efta ovada em duas figuras, que reprefentam a pas, e a guerra ; Cada huma dellas tem na mam, que lhe fica livre coroas tecidas de Oliveira com Lauro, e na outra huma efpada ; Exprimi n'efta Idea, que os Portuguezes nam merecem menos gloria no tempo da pas pella deftrefa com que difpoem os intereffes maritimos, como no tempo da guerra pella valentia no combatterem com a efpada :

Pietro Jvernan delin.
Gio Batta Sintes Scul. Romæ

IAY representè sur le devant du Carrosse la decouverte des indes par des anfans ailès qui sont les vents elisès, qui ouurent un rideau dont les ornements sont des yeux. Sous ce rideau trois autres anfans sont occupès a prendre hauteur, & a traffer sur une mapemonde ceschemins que les Portuguais par un travail, des fatigues, & un courage incroyable, ont comme fixès sur l'inconstance mesme.

Les deux figures indiennes marquent les advantages, & les richesses quils tirent de leur decouuertes, & les deux termes qui sont dans les deux extremitès au pied des quels lon voit deux fleuues, representent les deux limites de lempire de Portugal, sçavoir a l'Orient le fleuue gange, & a l'Occident le Rio de la Plata.

NA proa da Carroça se representa o descobrimento das Indias. Os ventos Elifeos em figuras de meninos correm com elegancia humas cortinas, e outros sobre hum pedestal sentados mostram sobre hum Mapamundo com hum compasso o caminho para se conseguir tam gloriosa empresa, as consequencias de tam inaudita façanha se percebem logo em duas figuras Indianas, que tributam em humas Cornicopias, as riquesas de seu vastissimo Emisferio.

Os dous termos, que sam nas partes mais remotas da dita pintura a ospes dos quaes sevem dous caudalozos Rios que sam o Gange, e o da Prata limitam a Monarquia Portugueza, huma no Oriente, e esta no Occidente termos que ainda hoje conserva o valor Portugues nas suas conquistas.

LA pinture du docier du Carrosse est accompagnèe d'un ornement tres gracieux , & lon voit dans le millieu sur un pied destal , ornè de trofèes , Lusitania assise sur le globe quelle a parcouru acompagnèe d'hercule , je veust dire d'une force, & d'un courage qui la fait vincre des monstres plus barbares que ceux dont hercule mesme a celebre ses travaux. Les depouilles de tant dennemis, & les captiff quelle a enchainès donnent occasion a son heureux genie de la courronner , & a la renommèe de publier aiamais sa glorie.

NA poppa da dita Carroça està pintada a grande Lusitania vestida de Pallas , emagestramente assentada sobra hum globo ; tem a seu lado o famoso Hercoles armado de sua tā temida massa, e pelle de Leam. A ospes da Lusitania sevem repetidos despoios de seos Triunfos representados ja embarbaros presos com fortes cadeas ja em redidas armas, reliquias de tam continuadas batalhas , pelloque justamente se coroe com Imperial Diadema.

Pietro Bianchi delin.
Gio. Batta. Fontes Sculp. Romæ

Pietro Zerman delin.
Gio: Batta Sintes sculp. Rome

ENtre les roues de deriere du carosse lon voit laffrique, & l'Amerique & une figure assise qui represente la religion donnant la main a un maure, qui paroit tomber du char en terre. Quel atribut plus glorieux, & a qui plus legitimement du, qu'aux Rois de Portugal qui par leurs conquestes, & les Missions de leurs R. Peres Jesuites dans les indes, & principalement a la Chine, ont tiré des millions dames d'une chute eternelle, en leurs donnant la connoissance du Urai Dieu audepens mesme de la proprevie, & en prodiguant pour ainsidire le sang de tant de martires, qui repandu dans des terres si ingrates, ne laisse pas de produire des fruits agreables au maitre de l'univers, & nesce pas un miracle evident, de voir qu'un petit nombre de Portuguais resiste de puis tant dannées dans des places mediocrement fortifiès a toutes les forces, & a la rage mesme de toute l'Affrique, qui napu par ses efforts continuels leurs en le ver la place de Marsagan assigée depuis plus de trante années.

. La sfere est la devise, que mettent lesPortuguais au pavillon de leurs vaisseaux, & je la fais porter a une de ces figures, parceque par la connoissance quils ont eu de cette admirable machine ils ont trasse a l'Europe les chemins, des nouueaux mondes quil sont cõquis, & quils meritent de governer.

Les harnois de ce Carosse sont de velours cramoisi brodès, & galonès d'or de mesme que les suspentes. Les 8. vases qui sont sur l'Imperialle, les boucles des sus pentes, les guardes des Ressorts, & les fiches sont de metal dorè a sequin des plus riches qui se fassent.

ENtre Africa, e America se ve a Religion dando a main a hum mouro, que vaj cahindo do carro. He emblema do Cattolico Zello dos Reis de Portugal, nam se contentaram com expulsar de seos Reinos a heresia, senam que em partes tam remotas deram amam a muitos pellas forças de suas armas, e pello meyo de seos Reverendissimos, e dignissimos Padres da Campanhia para se redusirem a o culto de verdadeira Religiam. Estes serviços paga Deos com sustentar contra o impetu, e raiva de toda a nourisma the os menores presidios de Portugal, co no se ve em Marzagam, eñas outras partes de seos novos Mundos nos quaes esmaltaram os Portuguefes a sua Caroa com os Rubins de sangue de seos Martires, que generosamente aquistaram riquissimos tisouros para as chaves de sam Pedro, e immortal gloria a suas proesas.

A sphera he divisa que costumam os Portupuefes usar nas bandeiras das suas naos, e com resam a faço levar a huma destas figuras para mostrar que na noticia que tiveram os Portuguefes da diversidade de circolos desta admiravel maquina, deram regras a Europa de poder com facilidade caminhar a quantidade de Reynos, que a custo do seu valor conquistaram, e com tanta gloria governam.

Os arreyos d'esta Carroça sam de velludo cremesi agalloados, e bordados de ouro; As guardamollas, fivellas dos corrioens, e de todos os arreyos sam de bronze dourados a sequinos, e as redias dos cavallos sam tecidas de ouro finissimo.

CEtte estoufe peut contenir six personnes commodement, tout le train, & les Roues en sont dorès aussibien que le corps du Carrosse, dont la partie qui est depuis le bas des colones jusques a l'Imperialle est couuerte de velours, & celle den bas est ornèe de pintures a la mosaique. Au dossier du Carrosse en de hors lon voit un chifre en broderie d'or surmontè d'une couronne & acompagnède quelques ornemeats de mesme travail, qui correspondent a ceux du dedans qui est du mesme velours brodè, & galone d'or. Le ciege du cochè est aussi de velours, & ses pantes sont couuertes d'un galon d'or d'un palme de large. Les supentes, & harnois sont de cuir rouge garnis tres proprement de metal dorè en abondance, & du meilleur goust. Le dessein de la pinture a estè donnè le S.ʳ Manoel Gonsalve, & sont dassè bon goust.

ESta he huma Stufa capas para seis pessoas, com seu Carro, Rodas, Caixa, e todos os ferramentos dourados, e intallados a ultima usanca, com singular perfeicam. A parte de fora he pella mayor parte cuberta de velludo cremesi, e o restante de finas pinturas em campo de ouro. A parte detras tem sobre o velludo huma grande cifra bordada de ouro, coroada, e acompanhada com suas palmas, e festoens, os quaes correspondem a o bordado de dentro da carroça, igualmente rico. O coxim do cocheiro he cuberto do mesmo veludo, e guarnecido de hum gallam de ouro de hum palmo de largo, como tambem o teto da dita carroça sobre o qual estam 8. pomos de bronze dourado de singular feitio. Os corrions, e arreyos sam de maroquino de levante todos cubertos de bronze. Os de buxos das raras pinturas d'esta carroça, que consistem em ornamentos Moisaicos foram por eleicam do Senhor Manoel Gonçalves Ribeyro o qual mostrou n'esta singular obra o seu bom gosto.

Pietro Lerman delin.
Gio: Batta Sintes sculp: Rome

Pietro Zerman del.
Gio Batta Sintes Sculp Rome.

QUoyque lon puisse dire avec justice, que les ouuriers de Rome travaillent parfaitement en plusieurs sortes de choses, son E.ᵉ ne laissa pas de faire venir de Paris par voye de gennes une tres belle Estouffe, Sçachant bien que les plus belles qui se font ailleurs ne font que des coppies fidelles de celles de France. Le devant, & le deriere du train font dorès, & les Roues font partie dorèes, & partie de vermillon; elle est coverte, & doublèe du plus beau velours afleurs, qui se puisse voir, en richie de galons d'or en sorte que si elle est moins grande que les autres, du moins elle ne cede point en galanterie, & en belle forme; Ses ornements de pintures font si legers que je nay pu les marquer dans lestampe, pour ne pas faire de confusion. Je lay fait orner de quelques attributs dont je donne l'explication; & quelque justesse que jaye observè dans les desseins de ces carrosses bien loin destre, flatès je puis assurer quils ne donnent qune idèe tres inferieure de cequils font en effet.

CON tudo que com justiça a fama publica que em muitas cousas excedem os officiaes de Roma aos demais, sua Excellencia conhecendo qu'em materias de Carroças Paris sempre teue o primeyro lugar, resolveo mandar vir huma Stufa sem reparar em despezas, nem no perigo de tam dilatada jornada só afim de singularisar mais o seu treno; O carro d'esta he todo dourado, com alguma cor de cremesi que sevê no intalho das rodas para dar alegre vista. He forrada a dita Stufa, e cuberta do mais rico veludo laurado que se pode fazer, e guarnecida de galoens de ouro con tal galantaria destribuidos, que supposta a primeyra Carroça merecia pella riquesa as primazias, esta pella sua bellesa tem suas similhanças de galante, e bisarria. Sam as pinturas com que se adorna tam delicadas mostrando o pintor seu egenho, que nam permite a cor da estampa e assim so fis estampar as armas de sua Excellencia que estam em todos os meyos della. Tambem posso dizer deixando de parte todo o genero de lijonja, que nenhum destes de buxos pode formar huma verdadejra idea dos originaes, nam havendo eu visto nas varias e muitas cortes a onde assisti carroças, que na magnificencia junta a galantaria se possam a essas a similhar.

Partie du troifieme Carroffe.

LEs sfinx que jay plafsès aupres des Roues font le fimbole du filence, & je veuft decrire par la cet admirable fecret fur le quel Roula le fucces de la grande affaire qui procura au Portugal le retour de fon encienne libertè l'an 1640. rendant a Jean IV. Duque de Bragance la couronne qui luy eftoit fi legitimement due que la France qui avoit dans toutes les occafions aidè de fes forces cette puiffante maifon, ne l'abbandonna pas dans une entreprife fi jufte, & foutenue avec le courage ordinaire quònt toujours montrè les francois a foutenir leurs alliès pour qui il font fi fouuant facrifiè leur repos, & leur propre vie.

Les Zefirs reprefentent parleurs feftons de fleurs, & de fruits, l'abondance, & la temperance de ce beau clima, & cette figure affife au millieu femble par fon accion rendre graces au Ciel des advantages naturels dont on jouit en ce pai la, Lun des plus beaux de l'Europe.

Les trois autres Carroffes qui doivent fervir d'acompagnement aux trois premiers, font doublès de Damas de Gennes avec leurs franges, & galons des meilleurs qui fe fafsèt. Leur train eft vernisè de noir a filets d'or, & les Roues tournèes, & dorèes en partie. Tous ces Carroffes ont eftè guarnis par le S.ʳ Anthonio Salci, & la fculture a eftè faite par Jozephe le Maciado ouuriers tres experimentès dans leur art.

Partes de detras du terceira Carroça.

OS finx que fevem fam cimbolo do admiravel fegredo o qual foj a pedra fundamental em que fe affentou o felix fuceffo que teve Portugal em aquiftar a liberdade na acclamaçam de feu legitimo Rei, que com tanta gloria foj obedicido, e amado de feos fieis vafallos, e conhecindo o mondo quanto juftificada hera efta imprefa, nam deixou aminha naçam de impenharfe com o feu coftumado valor em ajudar os feos aliados, facrificando fangue, e vida fo a fim dever no Trono a Real, e Illuftre cafa de Bargança que tinha tanto direéto a elle.

Os Zefiros que eftam poftos fobre os braços do carro tendo nafmãos feftons de flores, fam fignificativos da fertilidade, e doce clima da famofa Cidade de Lisboa, e a quelle que eftá affentado no meyo, olhando para o Ceo, parece lhe tributa agradecimentos da relevante ventagem que logra em hum dos mais famofos Paizes do Mundo.

As tres Carroças que fervem de acompanhamento a eftas tres primeiras fam feitas à Romana a ultima moda, forradas de Damafco de Genova con fuàs franjas, e galoens de velludo, alamares de bronze dourados, e pregarias do mefmo metal. Seos Carros, e Rodas fam parte dourados, e parte de vernis e em conclufam das milhores que nefta corte fetem vifto nos fequitos de Embaixadores. O official que as fes fuj Antonio Salci Seleiro e o Efcultor Jozeph Machado ambos infignes na fua arte.

Au-

Pietro Zerman del.
Gio. Batta Sintes Sculp. Roma

QUoyque tout se trouva prest des le commancement du carreme, Son E.ᵉ ne jugeant pas a propos d'interrompre un temps de penitence, par des marques d'une joye qui devoit devenir univerſelle, differa juſques apres paques a ſe mettre en publique. Le 12. du mois d'Auril il demanda audiance au Pape pour le dimanche ſuivant, & envoya ſes Gentilhommes donner part au Sacrè Colege, aux Princes, Duques, & autres, amis de la couronne de Portugal, que le dimanche 14. du mois il alloit a l'audiance faire ſçavoir a Sa Santitè l'heureuſe arrivèe de la Reyne de Portugal a Lisbonne, qu'en accion de graces d'une ſi hureuſe nouvelle, apres trois jours de rejouiſance a ſon palais, & des illuminations, il feroit chanter un Te Deum, a l'Egliſe nationalle de S. Anthoine. Le dimanche a deux heures apres midi le palais de Son E.ᵉ ſe trouva rempli de Seigneurs allemans, des Gentilhommes de tous le principaux Signeurs, & de toute la nation Portuguaiſe a complimenter Monſeigneur l'Envoyè, & apres que toute l'aſſemblèe eut pris des rafraichiſſements de toute ſortes deaux glacèes, ſorbet, & chocolat; Son E.ᵉ monta dans ſon ſuperbe carroſſe acompagnè de Monſieur Dom Jozephe Cæſar de meneſes, & de quatre Seigneurs allemans des principaux qui ſe trouvoint à Rome. Leſpaces de plus de deux mil de chemin, quil y a du palais de Son E.ᵉ a celuy du Vatican, ne ſuffiſoit pas pour contenir les carroſſes de la nobleſſe Romaine, & des Dames qui eſtoint ran-

PReparado eſtava tudo com grandiſſimo luſimento para poder Sua Excellencia fazer a ſua publica funcam nos principios da Quareſma, mà nam conſentia ſua natural prudencia que em tempo que os pregadores nos Pulpitos gridavam penitencia, dar en Roma ſinaes de tanta alegria, e aſſim diſcretamente reſolveo S. Excellencia o retardar oporſe empublico, que foſſe finido o tempo da Paſcoa, e havendo pedido audiencia a Sua Sanctidade para os 14. do mes d'Abril, Sua Excellencia por ſeos Gentilhomens mandou dar parte a todo o Sagrado Collegio, Principes, e Duques, e mais perſonagens amigos da Coroa de Portugal, como Domingo quatorze do mes andava empublico a dar parte a Sua Sanctidade da Chegada felis que fez em Lisboa a Senhora Reynha de Portugal, e que em rendimento de graças de tam proſpero ſuceſſo, terminados que ſeriam os tres dias de luminarias en ſeu Palacio ſe cantaria na Igreja nacional de S. Antonio hum ſumtuoſo Te Deum Laudamus. Com effeito no domingo pellas duas depois do meyo dia ſe hacaram no palacio Cavalheiros Tedeſcos da primeyra claſe, Gentilhomens de Embaixadores, Princepes, e Duques, e o mais florido da nacam Portugueſa para a companhar Sua Excellencia, e depois de terem tomado ſorbertes, aguas geladas de todas aſ ſortas, e chocolates, monto Sua Excellencia na ſua ſoberba Carroça com o Senhor D. Jozeph Ceſar de Menezes, e quatro fidalgos Tedeſcos dos mais principaes, e os mais nas outras Car-

rangès enfile, enforteque ce neftoit pas une petite difficultè de traverfer tant de Rues avec un cortege de plus de quatrevingt Carrofles qui fuivoint ceux de Son E.^e lon eftoit obligè darreter a tout moment, & le peuple faifoit retentir l'air des viva Portugal.

Je nay point fait le recit de l'habillement de Monfeigneur l'Envoyè parceque fa bonne grace naturelle, & fon air noble n'empruntoint rien des piereries ny de lor dont fes habits eftoint enrichis.

Si jexcepte la magnificence qui navoit point d'egual, tout concourroit egalement a embelir une fefte qui honnoroit l'une, & l'autre nation. Le temps mefme avoit pretè un air le plus cerain du monde, en forte que rien neftoit plus beau a voir, que ces fuperbes carrofles paffer fur le pont Saint Ange; Le foleil dardoit fes rayons fur ces montagnes d'or ambulantes, & d'autres rayons qui partoint de milles reflets hureux, femblo int difputer au foleil mefme l'honneur d'une double lumiere qui eblou iffoit les yeux des fpectateurs. Les chevaux fuperbes de leurs maitre, & du char trionfant quils trainoint, animès de leur propre vigueur, & de la multitude, paroiffoint me prifer la terre quils fouloint aux pieds, mais auec tant de legeretè, que je puis dire quils firent plus de chemin en l'air quils nen firent par terre. Son Excellence eftoit afsè occupè de repondre a toutes les honnetetès des dames, & de la nobleffe qui le faluoint, & au peuple qui donnoit mille benedictions au Roi de Portugal par des cris

de

Carroças que alem da quellas de Sua Excellencia heram mais de oitenta, e pello fpacio de meya legoa que a do Palacio de S. Excellencia a quelle do Papa, heram em tanta quantidade as Carroças dos fidalgos pellas ruas, que apenas tinha lugar para paffar o cortèjo ouuindo continuos gridos de viva Portugal.

Eu nam faço a pintura dos veftidos de, Sua Excellencia por que a fua natural graça e bizarria na boa eleiçam nam pede nada impreftado do ouro, nem dos diamantes dos quaes elles heram cubertos.

A magnificencia hera fem igualdade ofaftros mefmos concorriam a favorecer huma tam honrrofa grandefa do miniftro omais Zellofo das glorias de feu Monarca, que fendo os dias antecedentes tam incapazes por refam da muita chuua, nos faziam perplexos, e duvidozos de encontrar hum fimilhante dia, porem Sua Excellencia nam reparando a os danos que de tal tempo podiam nafcer, pedida que foj a audiencia fe vio favorecido da Aurora da quelle dia, que foube amanhecer tam clara nas fegurancas das Nuvens que lhe acertou patrocinio firmo, e lhe communicava luftres feguros na participaçam dos rayos de hum fol que no difpendio da lus lhe influio o valor, e na continuacam da influencia lhe perpetuou o luftre. Nocte pluit tota redeunt fpectacula mane. Na paffagem da ponte S. Angello, onde o fol brilhava fem fombra, nafciam das Carroças rayos, que ce gavam a os que admirados fas viam, a creditandoas todos por montos ambulantes de ouro, que fem neceffitarem do fol illuftroffe

atro-

de joye. Arivès en fin au palais, Son Excellence mit pied a terre au grand escalier, ou nous trouuames la garde sous les armes tambour batant. Son Excellence precedèe de plus de trois cent personnes qui l'accompagnoint fut introduit a l'audiance de Sa Saintetè & y entra le pèe au cotè, & le chapeau sous le bras. Apres un discours des plus eloquents, & en tres peu de parolles, toute sa famille haute fut introduite a baiser les pieds de Sa Saintetè qui nous donna meintes benedictions, & des indulgences jusques au troisieme degre. Cette fonction finie Son Ex.ᵉ defendit a l'appartament de Son Eminence Monseigneur le Cardinal Pauluci Secretaire d'Estat qui le vint recevoir au millieu de de la salle des estaffiers, & le reconduisit jusque la porte du coridor de son appartement, de la nous decendimes a S. Piere ou son E.ᶜ fit sapriere devant lhotel du S. Sacrement, & devant le grand hotel. Nous sortimes de l'Eglise par la grande porte pour remonter en carrosse, & reprimes le chemin du palais de Son Ex.ᵉ dans le mesme ordre que nous en etions venu. Nous trouuames dans les Rues une mesme quantitè de carrosses jusques a S. Carle dei Catinari, & toutes les maisons des environs estoint deja illuminèes avec des lumieres mises dans des lanternes pintes des armes de Portugal, que Son E.ᵉ avoit fait distribuer a tous ceux qui en avoint souhetè. Toute la façade du palais de Son E.ᶜ qui a cinquante deux fenestres sur la rue estoit illumineè de torches de cire blanche, & une musique de trompettes, & de timballes, se faisoit entendre de fort loin.

atropelharam nuvens, brilharam luzes, consumiram trevoas, e eternisaram se nas azas da fama de tal maneira que o sol cioso deuer hum carro nam menos luzido que o seu proprio, peleijava a quem por mil, e mil differentes rayos en cantaria milhor os olhos dos spectatores. Os cavallos soberbos ainda mais domestre que levavam que da riquesa de tal Carro Trionfante, e animados do seu proprio vigor, pareciam mais que tocavam a terra por desprezo, que por resam de seu natural, pois tam ligeiramente apisavam, que se pode dizer que pello ar fizeram mais caminho que por terra. Entre tanto S Excellencia hera muito aplicado a satisfazer com cortezias as infinitas que dopouo recebia, e às demostraçoens de alegria com que todos em vos alta aclamavam viva el Rei de Portugal. Tanto que chegou ao Palacio Vaticano Sua Excellencia seapeou a o pe da escada mayor aonde seachou a guarda do Papa posta em fila, e o receberam a som dos tambores, e chegando a o apartamento de Sua Sanctidade precedido de mais de trezentas pessoas que o acompanhavam foj recebydo com toda a grandeza, e ostetacam de todos os Monsenhores, e Cavalheiros. Entrou a audiencia cia com chapeo de baixo do braço, e espada à cinta. Despois de apresentar a Sua Sanctidade a carta del Rei acõpanhandoa hum breve discurso nascido da fidalga eloquécia de S. Excellencia, foj admiridã toda a sua familia nobre abeijar ospes de S. Sanctidade que nos concedeu a todos grandes ingulgencias The o tercejro grado. Esta funçam durou por espacio de huma hora, e aca-

loin. Tous ceux qui avoint acompagnè Son E.ᵉ furent de nouveau regalès deaux glacèes, bifcuits, vins de Florences, &c. douze perfonnes fervoint continuellement de ces rafraichiffements au publique pendant toutes les trois nuits que durerent ces illuminations. Tous le Princes, & Seigneurs amis de la Couronne de Portugal illuminerent auffi leurs palais, & les nationaux fe diftinguerent par tout cequils purent Inventer de plus fingulier pour montrer leur Zele.

acabada que foj pafou S. Ex.ᵃ a o apartamento do Em.º Cardial Paulucci Segretario de Eftado o qual oveyo receber a o meyo da Sala de feos eftafieros. Acabada a vifita o conduzio the a porta do corredor de feo apartamento. Da li acompanhamos S. E.ᵃ a Igreja de S. Pedro, e como coftumam os meniftros, fes fua oracam na Capella do Sanctiffimo, e a do Altar Mayor, faindo pella porta principal para montar em carroça, avefinhandofe a nojte fe acenderam quātidade de torchas de cera branca, e paffando pellas ruas nam feviam mais que carroças de Senhoras, e Cavalhejros que concorreram de toda a parte da Cidade para ver a grandefa com que S. E. fe moftrou nefte publica açam. Nas vifinhanças do Palacio feviam todas as cazas alumiadas com l'internas pintadas com as armas de Portugal. Eftava a fronte do Palacio de S. E. o qual tem pella parte principal cincoenta e duas janellas, aluminada com torchas de cera branca, e defmontamos das carroças a fom de trombetas e attaballes que durou toda a noite, o que deu occafiam a o pouo, e a nobreza avir paffar pellas ruas aluminadas, e entrarem no Palacio a tomar varios, e continuos rinfrefcos. Efta mefma pompa durou repetida por tres noites confecutivas com concurfo igual de gente de toda a sphera e alegria inexplicavel. Os Princepes, Duques, e Cavalheiros Romanos inclinados à Coroa de Portugal fiferam tambem luminarias de modo que quafi toda Roma fe via aluminada, e os nacionaes principalmente nefta occafiam fiferam feftas, egallas com demoftraçoens de grande alegria, e de hum affecto extraordinario a quem com tam grande fafto honrrarau a fua naçam.

Le mercredi ſuivant tous ceux qui avoint cortegè S. E. ſe trouverent a ſon palais, & apres les rafraichiſſements acoutumès, S. E. monta en caroſſe, & ſe rendit a S. Anthoine. L'Egliſe eſtoit magnifiquement ornèe des tapiſſeries, & autres meubles de Monſeigneur le Cardinal Barberini diſposès par M.ʳ Dom Manoel Gonzalves dans une tres bonne maniere, mais ce qui attachoit le plus la vue eſtoint les portraits du Roi, & de toute la famille Royalle a qui le peintre auoit donnè outre une raſſemblence naturelle, une bonne grace, & une Mageſtè qui plaiſoit a tout le monde. Celuy du Roi eſtoit audeſſus de la porte en dedans de l'Egliſe en faſſe du grand autel. A la main gauche eſtoit celuy de la Reyne, & celuy du Pape au millieu. Ceux des princes Dom Franciſco, Dom Manoel, Dom Anthonio, & de l'Infante eſtoint aux quatre pilliers de la nefe de l'Egliſe, tous dans des bordures de bon gouſt, & bien dorèes. La Meſſe fut celebrèe par Monſeigneur Nicolai Eveque de Berito, & Vicaire de S. Pierre, & fut chantèe par les meilleurs muſiciens du Pape, de la Reyne de Pologne, & du Cardinal Ottoboni accompagnès d'un corps de 24. violons, huit baſſes de violon, & vn autre corps de haubois timballes, trompettes, & autres inſtruments au nombre en tout de quatre vingt ſix ſur un anfiteatre tres bien entendu qui occupoit un deſcotès de l'Egliſe. Le tout enſemble paroiſſoit la plus vive rapreſentation de la cour celeſte. Auſſitoſt que la muſique eut achevè de chanter un motet; une nombreuſe artillerie que lon avoit diſpoſèe dans

les

No dia 17. quarta feira determinada para o Te Deum Laudamus, começaram a concorrer os meſmos Cavalheiros que no dia da audiencia. A Igreja Real de S. Antonio era ſoberbamente armada dos mais riços panos da caſa Barberini diſpoſto em boa forma; mas o que mais de tudo convidava a os olhos, e levava a admiraçam do publico heram os retratos del Rey, Reynha, e de toda a caſa Real. Eſtava o retrato del Rey em cima da porta da parte de dentro da Igreja a mam direita, o da Reynha a mam esquerda, e o do Papa no meyo, todos tres de corpo intejro com molduras de boa eleicam; heram os retratos de tam nobre pintura, e boa greça que ſe deve a arte do pincel a mayor fineza em imitar o natural, tambem repreſentado, que quem tinha viſto el Rey Dom Joan Quinto, o conhecia nam ſomente pella ſemelhança mas tambem pella mageſtade. Foj celebrada a Miſſa por Monſenhor Nicolai Biſpo, e Vigario da Igreja de S. Pedro, e foi cantada pellos mais celebres muſicos do Papa, da Reyna de Polonia, e do Cardeal Ottoboni acompanhados de hum corpo de inſtromentos que conſtavam de 24. rabechas; oito rabecoens. e hum corpo de o boes trombetas, a taballes, dous orgaõs, e outros inſtromentos, que todos juntos conſtava de 86. peſſoas aſſentadas ſobra hum nobiliſſimo choro bem ordonado e feito para eſta funcam em hum lado de dita Igreja, e de tal ſorte foj cantado o Te Deum, e o motete que hera a mais viva ſimilhança da gloria celeſte; ſe deſpararam huma quantidade de mortejros, outras artilharias, que tudo concorria

ria

les Rues voiſines ſe fit entendre de toute la Ville , & le tout ſuniſſoit en ſemble par intervalles pour mieux exprimer la grandeur de cette pompe . Pour donner une plus claire idée de l'attention generalle de Monſeigneur l'Envoyè , il me ſuffit de dire , que touts les divertiſſements, la magnificence , & l'accion de graces furent proportionès a la grandeur du Roy , a la generoſitè de ſon miniſtre , & au Zele d'une nation qui ne cede a aucune autre en veritable amour de la gloire de ſon Roy .

Le meſme jour la Reyne de Pologne , accompagnée de la Princeſſe ſa petite fille , couſine Germaine du Roy & de la Reyne de Portugal , viſiterent l'Egliſe de S. Anthoine . Sa Maieſtè pour montrer encore davantage la part quelle prenoit a la joye de la nation Portuguaiſe , fit illuminer ſon palais de flambaux de cire blanche , qui durerent toute la nuit avec la magnificence que ſa Majeſtè a coutume duſer dans les beaux ſpectacles dont elle a la generoſitè de faire participer le public pendant pluſieurs mois de l'annèe , & aux quels S. E. & toute ſa maiſon a eu l'honneur d'aſſiſter pluſieurs fois , mais juſquici incognito , a cauſe de quelques difficultès ſur le ceremonial , qui n'eſtant point encore reglèes ſuſpendent l'obligation , & le deſir particulier de Monſeigneur l'Envoyè de donner en publique les marques de reſpec , & de reconnoiſſance qui ſe doivent a une Reyne qui honnore la nation Portuguaiſe de ſa Bienveillance , & a une princeſſe allièe de ſi proche aux plus grandres puiſſances de l'Europe ,

&

ria com a meſma grandeſa para feſtejar os eſpoſorios de hum Monarca , que por ſua clemencia , juſtiça , e zelo inexplicavel para a Religiam Catolica nam merecia menos na meſma corte de Roma . Se deu fin a os publicos aplauſos com alguns particolares banquetes no palacio. Para mayor concejto de tudo baſta dizer hera tudo de juſta proporçam à grandeza com que o Excellentiſſimo Senhor Inviado obrou , e a o zello de huma naçam que nam cede a nenhuma em ſer amante da peſſoa , e gloria de ſeu Monarca .

Na tarde do meſmo dia a Reynha de Polonia acompanhada da Princeſa ſua neta prima com Irmam del Rei e Reynha de Portugal , foram a Santo Antonio , e para dar ainda mayores demoſtraçoens de quanto era entereſſada na alegria da naçam Portugueſa; mandou a lumiar com torchas todo o ſeu palacio por tempo de huma noite inteira com acoſtumada magnificencia que ſua Mageſtade uſa nas muſicas , comedias de que fas participante a o publico em todo o anno , em as quaes Sua Excellencia aſſiſtio algumas veſes incognito , por cauſa de alguns embaraços que ſe encontrarem no ceremonial , o qual nam ſendo ajuſtado ainda , ſuſpendeo , o grande dezejo , que teve Sua Excellencia de viſitar huma Reinha amantiſſima da Coroa de Portugal e huma princeſa das mais bem aparentadas da Europa , e no meſmo tempo dotada das mayores vertudes , comodamais perfeita beleſa .

Viſi-

& plus recommendable encore par mille vertus, quil femble que le ciel fe foit fait plaifir de joindre a une parfaite beautè, pour montrer dans la mefme perfonne touts les advantages dont il eft capable.

Vifites de Son Excellence au Sacrè College.

LEs miniftres apres avoir eu leur audiance publique de Sa Saintetè, Vifitent le Sacrè College, & commancent par le Cardinal Doyen, ou a fon abfence celuy qui le fuit par droit d'antiquitè, & Monfeigneur le Cardinal de Bouillon fe trouvant abfent S. E. commenfa par le Cardinal Acceoli. Il eftoit fuivi d'un tres nombreux cortege tant nationaux qu'eftrangers, & de fa famille. Il fut receu de Son Eminence dans la mefme maniere qui avoit eftè reglèe par la Congregation, plufieurs mefme lexcederent, & nous regalerent de magnifiques rafraichiffements, entreautes leurs Eminences Monfeigneur le Cardinal Ottoboni, & Monfeigneur le Cardinal Barberini, & pour decrire les particularitès des vifites d'un Envoyè Extraordinaire d'un Roy, je prendrai pour modele une de celles ou nous avons eftè receu fuivant l'ordre, & toute la grandeur poffible.

Le Maitre de Chambre de S. E. envoya noftre Decano, qui eft celuy qui eft audeffus des eftaffiers, au palais de Mon-

Vifitas que fes Sua Excellencia ao Sagrado Collegio.

FEita a primeira audiencia publica à Sua Santidade, devem os miniftros principiar a vifitar os Cardeaes começando pello mais antigo, que chamam Decano do Sacro Collegio, e quando falta efte devem principiar pello Suceffor na antiquidade que fe acha em Roma, e depois indiferentemente à quelles que lhe parece, e porque o Cardeal de Boulhão Decano do Sacro Collegio eftava abfente, principio S. E. as vifitas pello Cardeal Acceoli com feis Carroças fuas, e hum cortejo de muitas outras affi nacionaes, como eftrangeiras, foj recebido o Senhor Inviado de todos os Cardeaes da mefma forma que fe havia tratado no ceremonial, e alguns por mayor finefa paffaram adiante, e acompanharam as vifitas de forbetes, chocholates &c. entre eftas fe a fignalaram com grandefa os Eminentiffimos Cardeaes, Barberini, e Ottoboni, os quaes com mayor primor moftraram hum fingular affeto, e para dar noticias das circuftancias das vifitas de hum meniftro em Roma, faço narracam d'efta que fifemos a o Eminentiffimo Cardeal Ottoboni Chanceler d'efta Curia.

O Meftre de Camera do Senhor Inviado mandou pella manham o noffo Decano a o Palacio do Senhor Car-

Monseigneur le Cardinal Ottoboni, s'aboucher avec celuy de Son Eminence, pour sçavoir quand son maitre pouroit avoir le temps de recevoir la visite de S. Eminence. Monseigneur le Cardinal Ayant sçeu que nostre Decano estoit dans l'antichambre, voulut sçavoir de luy mesme de quelle maniere Monseigneur l'Envoyè a voit estè receu du Cardinal Acceoli, pour luy donner du moins le mesme traitement. Son Eminence en estant informèe, pour ne point entrer dans ce detail de formalitès, dit a nostre Decano, qu' il attandroit l'apres dinèe les graces de S.E. & quil le receuroit de la mesme maniere que pouroit faire un Cerdinal Portuguais, qui receuroit la visite de l'Envoyè de son propre Roi. Une reponce si obligeante estoit une suitte des honnetetès quèn avoit precedamment receu S. E. dans plusieurs occasions, & l'effet de la particuliere attention de Son Eminence pour touts les ministres etrangers. A quatre heures apres midi S. E. arriva dans la cour du palais de la Chancellerie avec un cortege de plus de soisante personnes. Apres que tout ce cortege, & la famille furent defendus de carrosse, le Maitre de Chambre d'un cotè & moy de l'autre donames le bras a S. E. qui a peine commensoit de monter l'escalier que les Gentilhomes de Monseigneur le Cardinal s'advancerent pour le complimenter. Nous traversames la grande sale de la chancellerie, & dans celle des estafiers nous trouvames Son Eminence qui venoit au devant, accompagnè du Marquis Hornani son Maite de Chambre, & d'une nombreuse famille. Apres

a voir

Cardeal Falar com o de Sua Eminencia para saber se seu amo tinha tempo commodo para receber a vista que lhe queria fazer S. E. O Senhor Cardeal sabendo que o nosso Decano hera na sala, se quis emformar delle de que modo S. E. fora recebido do Cardeal Decano para lhe dar as mesmas honrras, o que lhe tendo referido o nosso Decano, Sua Eminencia por nam entrar em miudo en todas estas formalidades disse, que de tarde esperava pello favor de S. E., e que o receberia do mesmo modo que se elle fosse hum Cardeal Portugues, que recebesse a visita de hum Inviado Extraordinario do seu proprio Rei; Esta resposta bem que mais cortes da que se podia dar, nam hera mais que huma continuaçam das cortezia que S. E. tinha antecedentemente recebido de S. Eminencia em varias occasions, e o effeito da particular atençam que costuma S. Eminécia com os ministros estrangeiros. As quatro horas depois de meyo dia chegou S. E. a o Palacio da Chancellaria com hum cortejo de mais de sessenta pessoas, e desmontados que foram todos das carroças, o Mestre de Camera de huma parte, e eu da otra demos amam a S. E. a pena comencia subir as escadas, quando vinham os Gentilhomens do Senhor Cardeal a esperar, e o complimentar, e passado com elles a sala da Chancelaria venhia logo S. Eminencia a receber o Excellentissimo Senhor Inviado alem da metade da salla dos estafeiros acõpanhado do Marques Ornani seu Mestre de Camera e outros Cavalheiros de sua corte; depois de passadas seis anticameras armadas de bellissimas pinturas, e panos de ras preciosos,

fa-

a voir traversè cinq antichambres fu-
perbement meublèes, & fait au paffa-
ge de toutes les portes les civiltès ac-
cotumèes, S. E. entra dans la chambre
d'audiance, ou deux Gentilhommes
de Monfeigneur le Cardinal prefen-
terent les chaifes de cotè, fous un dais
de brocard d'or, qui repondoit au riches ameublements de cette chambre
dont les tables, & les gueridons eftoint d'argent accompagnès de vafes de
mefme metal de douze palmes de hauteur; mais fi lon voit dans plus de
quarente chambres richement meublèes la magnificence, & le bon gouft de Son Eminence, lon admire pas
moins fa generofitè dans les operas,
les belles mufiques, & les converfa-
tions qui attirent a fon palais un jour
de chaque femeine l'elite de toute la
nobleffe tant de Rome que des pays
eftrangers. Pendant que S. E. eftoit
avec Monfeigneur le Cardinal, lon
fervoit dans touts les antichambres
des profufions de forbec, & de toute
fortes d'eaux, & de let glacès, & a
l'entrèe de la nuit tout l'appartament
fut illuminè de bougies dans des
grands luftres de criftal, qui pendent
au millieu de toutes les chambres, &
dans des chandeliers fur toutes le tables, tant de lumieres en donnoint
une nouuelle a cet appartament qui
le rendoit enchantè. La vifite ache-
vèe Son Eminence ne fe contenta pas
de reconduire Monfeigneur l'Envoyè jufqn' ou il eftoit venu le recevoir, mais pour exceder en honnetetès, comme en tant d'autres chofes,
il le conduifit jufques au millieu de la
Salle de la Chancellerie, ou il nous
laiffa aux inftances plufieurs fois rei-
terèes de S. E., fes Gentilhommes

fafendo as coftumadas ceremonias a
entrada de todas as portas, entrou S. E.
com o Senhor Cardeal na Sala da audiencia, e dous Gentilhomens prefen-
taram afcadeiras de baixo de hum docel de brocado de ouro em requeci-
do de bordados, e franjas, que correfpondia à magnificencia da armaçam
de panos de ras riquiffimos, e cadeiras do mefmo brocado, bufetes, e vo-
ladores de prata, vafos do mefmo metal de doze palmos de alto, e huma be-
liffima fonte de prata no meyo da dita
cafa botando agoa em quantidade. Sevem mais de quarenta cafas nefte foberbo palacio armados perfeitaméte,
e a magnificencia d'efte Cardeal junta
à fua rara eleiçã, como tambē os efpe-
tacolos de comedias, e opera que dà
huã ves na femana, fas admiraçam a os
eftrangeiros, e à corte. Emquanto S.E.
eftava com S Eminécia fomos regala-
dos de toda forte de forbets, agoas de
canella, e autras que abundavam em
todas as anticameras, e como jà fe fazia noite foram todas aluminadas com
candieiros grandes de criftal pendu-
rados no meyo de cada huma, e outros de prata em quantidade fobre todos os bufetos. Que pello grande nu
mero de luzes faziam fermofo outro
tanto a beleza d'efte apartamento; a-
cabada a vifita, nam fe contentou Sua
Eminencia de acompanhar o Senhor
Inviado the à falla dos eftafeiros, mas
por exceffos de mayor fineza o acom-
panhou fora do feu apartamento The
o meyo da falla da Chancelaria aonde
às repetida inftancias de S. E. fe apar-
tou delle, e feis de feos Gentilhomens
acompanharam a S. E. the a vederlo
montar em Carroça. Continuou S.E.
com o mefmo cortejo as vifitas do Sa-

accompanherent jufques nous voir monter en carroffe . Monfeigneur l'Envoyè continua fes vifites chès tout le Sacrè College , & en fut enfuite vifitè . Tant de grandeur quine feftoit encore pratiquèe a l'occafion d'aucun Envoyè, donna occafion a plufieurs perfonnes defprit de faire des vers dont jay receuilli ceux qui mont paru les meilleurs . Apres les vifites du Sacrè College S. E. receut celles des Princes Duques &c. & les rendit en fuitte aux mefmes feigne urs , & aux dames dont il futreceu avec cette honnetetè naturelle aux Dames Romaines .

Je ne deurois finir cette Relation qu'apres le retour de Monfeigneur l'Envoyè a Lisbonne, quifque de nouvelles occafions d'affaires menagèes avec tant d'habiletè, & de Prudence , jointes aux depences prefque coutinuelles, foutenues avec toutela grandeur poffible , me donneroint tous les jours une novelle matiere d'ecrire, & encore plus, fi je devois proportioner la groceur de ce volume aux obligations que jay a Monfeigneur l'Envoyè, ou a mon zele pour tout cequi reguarde le fervice de la Majeftè quil reprefente comme tres digne fujet d'un Roi qui merite de l'eftre .

cro Collegio, e recebi as depois com a mefma grandefa que lhe tinham feito , e rinfrefcos iguaes a eftes que nos tinham dado em cafa de varios Cardeaes. Tanto lufimento que nam foj vifto praticar por Inviado Extraordinario de nenhum Rei, deu occafiam a muitos verfos , e fonetos , e nam foram pouco aprovados eftes do Senhor Abbade Gafpar Sfragaro, e do Senhor Antonio Cortona Cappellano de honrra de Sua Mageftade Cefarea. Acabadas as vifitas do Sacro Collegio, foj S.E. a vifitar a familia de Sua Sanctidade, os Princepes, Duques, e Marquefes , Generaes das ordens , e Prelados que o thenhiam vifitado,e mais às Princefas mulheres dos ditos Princepes , e outras fidalgas das quaes foj recebido com o primor , e cortefia que coftumam as Senhoras Romanas ufar com os meniftros do merceimento, e qualidades de S. E.

Eu nam deveria acabar efta Relaçam fenam depois que S. E. foffe tornada em Lisboa, jà que os continues motivos dos negocios menejados com toda a deftrefa poffivel, e as frequentes occafioens de defpefas foftentadas com a mayor grandefa, e reputaçam del Rey de Portugal, me podiam dar materia nova todos os dias para muitos volumes, principalmente fe eu pudeffe proporcionar o meu pouco talento às mujtas obrigaçoens que devo a o Excellentiffimo Senhor Inviado, e a toda a naçam que elle reprefenta como a Imagem amais digna da Real Mageftade , da qual eu me honrrarej fempre de publicar as vertudes, que o fazem digniffimo Rey de taes Vaffallos.

NEL

NEL REAL MATRIMONIO
TRA LA SACRA REAL MAESTA'
DI
GIOVANNI V.
RE' DI PORTOGALLO
E
MARIA ANNA
GIA' ARCIDUCHESSA D'AUSTRIA.
ODE.

I.

DEL Regio Tago lieti Abitatori,
Al Cielo i lumi giubilando ergete ;
Ch' indi nel vostro sen piover vedrete
Nettareo licor, nembi di fiori.

II.

Ecco à voi da supremi eterei Chiostri
Tempeste di splendor, d' auree scintille ;
E nel mezo di loro à cento, à mille
Le Gratie ad arrichire i Lidi vostri.

III.

A tanto dolce fuoco, à tanto ardore
Fin ne l' Inverno il vostro Suol s' infiora :
Veloce torna à Voi Pomona, e Flora,
El ghiaccio istesso ne concepe amore.

IV.

Giace con l' Agnellin Lupo rapace,
Scherza il Leon co' veltri, e i nidi suoi
Communi han le Colombe, e gl' avoltoi,
E'l Regno tutto gode amica pace.

V.

Nè fia stupor; perche non più combatte
    Con Zefiro Aquilone : onde sereno
    N'è l'aere intorno , e i monti dal lor seno
    Versan fiumi di miel , rivi di latte .

VI.

Felice Tago or , che 'l tuo sen contiene
    In sè l'AQUILA AUSTRIACA! Godrai
    Soavi calme , e in avvenire avrai
    Più chiare l'acque , oro più fin le arene .

VII.

Ramo di verde Olivo un tempo all' Arca
    Portò pura Colomba : ora a le vaghe ,
    Ch'hai tù ne l'ARMI TUE PURPUREE PIAGHE
    L'AQUILA il porta , del suo foco scarca .

VIII.

Quand' avverrà ciò , ch' assai raro hà visto
    Il Mondo , e con stupor tal' or s' è udito :
    REAL CESAREO SANGUE insieme unito ,
    Di Rigor , di Pietà mirabil misto ,

IX.

GIOVANNI , MARIA ANNA , che gran Mare
    S' interpetra di Gratie à noi mortali ;
    E Gratia quello , in favorirti uguali ,
    Faran le Glorie tue più illustre , e chiare .

X.

COPPIA REALE , à Piedi tuoi ne vegno ,
    E della Musa mia consacro il Plettro :
    Prosperi il Ciel tuoi Voti , e del tuo Scettro
    La Potenza dilati , eterni il Regno .

Del Dottore Antonio Cutrona ,
& Accademico Fiorentino.

FINIS.

AD ILLUSTRISSIMUM

HUJUS LIBRI AUTHOREM.

Mellifluum stylum, scitu si digna requiris,
    Percurre hunc Librum, tum voti compos eris;
Nobilis hunc scripsit Genere, ac Virtute coruscus,
    Quo lecto dices hic sane doctus erat;
Hunc igitur Librum Lector percurre bilinguem,
    Hinc mecum disces tres celebrare Viros;
In primis Regem, & Vicem ejus in Urbe gerentem,
    Ac multi Hunc linguem, quique bilinguis adest;
Quis major surget Lusitano Rege JOANNE?
    Trans non plus ultra qui dominatur aquis;
Namque suum est Mare feruens inter Calpe, & Abylam,
    Et cujus classis pradominatur ibi;
Janitor Italia Emanuel, Rex Janitor Orbis,
    Ad cujus nutum clauditur Oceanus;
Quin Austro in toto si Crux Veneranda triumphat,
    Huic Regi acceptum conscia Roma refert;
Si viget Alma Fides Cœli sub cardine bino,
    Huic Regi acceptum conscia Roma refert;
Hinc Deus Onnipotens Cordis penetralia scrutans
    Huic Regi, ac Regno prodigus addit opes;
En Tagus ingeminat fuluas nunc amnis arenas,
    Ripa auro fulgent, Soloque arena micat;
Montes, & Colles isto qui in littore surgunt
    Purpureas gignunt ecce repente rosas;
Nunc redolent thymo rura, nunc thymiamata Sylva,
    Aurum ornat littus, sertaque pulchra vias;
Argumentum ingens, Lusitana gaudia Gentis,
    Regius & Fructus, quem cito reddet Hymen;
Astra prius component se in sistema benignum,
    Sol tunc ridebit pradominante Jove;
Cœlo ita digesto nascetur Regius Infans,
    Et Garamante tenus nuncia fausta petent;
Alma Ceres copia cornu defundet in aruis,
    Astrea huc veniet consociata Paci;
Sacla beata adventant, Crux aget alma triunphos,
    Largius & fundet, Rege favente, jubar;
Regina interea Regale enixa Tropheum
    Incedet latans, gestiet alma Fides.

Orator

O Rator quoque, qui nunc lætus in Urbe triumphans
    Aurata in Rheda qualis Apollo micat;
Turba pediffeque circum auroque ornata refulget,
    Rhedarum feries retroque longa venit;
Cujus ad inceffum Gens confluit ipfa Quiritum,
    Matres in Speculis quelibet ore ftupent;
Nec vidiffe femel fatis eft, juvat ufque videre,
    Heroes obtutum fubftinet ore gravis;
Plaudit Gens, Hic miffilibus folatur Egenos,
    Quin & opem Princeps contulit ipfe mihi;
Pontifici Hic valde acceptus, tum Murice comptis,
    Quin Hunc Primates, Romaque tota colit;
Heros magnanimus, longoque Poemate dignus
    Pauca ejus cecini, multa canenda paro.

A St omnifcius melliflui hujus Codicis Author
    Virtute infignis, clarior ipfe fide;
Cui natura dedit Galla cunabula Gentis,
    Aft Animo ingenuus fervat ubique Fidem;
Sit Dominus Gallus, vel fit Lufitanus, & Aufter
    Vifcera pro Domino funderet ipfe libens;
Integritas cujus penitus fine labe corufcat,
    Namque obitum malet, quam violare Fidem.
Quicumque hunc audit, vel hujus confpicit Inftar,
    Tanto Equiti Compar nullibi dicat opus.
Ergo lege hunc Librum, & libato melle Loquentis,
    Crede mihi, hunc iterum terque, quaterque leges.

Obfequii, & Deditionis ergo
Gafpar Sfragaro.